情報利活用
プレゼンテーション

Power Point 2019対応

日経BP社

はじめに

本書では、PowerPoint 2019の単純な機能説明ではなく、プレゼンテーションに必要なテクニックをひととおりマスターできます。プレゼンテーションの企画および設計から、PowerPointでわかりやすい資料を作成するためのさまざまなテクニック、プレゼンテーション実施の際にポイントとなる準備や、惹きつける話し方、パフォーマンスなどを身に付けられるようになります。
また、PowerPoint 2013、PowerPoint 2016はPowerPoint 2019と機能および操作方法にほとんど違いがないため、PowerPoint 2013、PowerPoint 2016を使ってほぼ問題なく本書で学習することもできます。

制作環境

本書は以下の環境で制作・検証しました。
■Windows 10 Home（日本語版）をセットアップした状態。
※ほかのエディションやバージョンのWindowsでも、Office 2019が動作する環境であれば、ほぼ同じ操作で利用できます。
■Microsoft Office Professional Plus 2019（日本語デスクトップ版）をセットアップし、Microsoftアカウントでサインインした状態。マウスとキーボードを用いる環境（マウスモード）。
■画面の解像度を1280×768ピクセルに設定し、ウィンドウを全画面表示にした状態。
※環境によってリボン内のボタンが誌面と異なる形状で表示される場合があります。
■[アカウント]画面で[Officeの背景]を[背景なし]、[Officeテーマ]を[白]に設定した状態。
■プリンターをセットアップした状態。
※ご使用のコンピューター、プリンター、セットアップなどの状態によって、画面の表示が本書と異なる場合があります。

表記

・メニュー、コマンド、ボタン、ダイアログボックスなどで画面に表示される文字は、角かっこ（[ ]）で囲んで表記しています。ボタン名の表記がないボタンは、マウスでポイントすると表示されるポップヒントで表記しています。
・入力する文字は「」で囲んで表記しています。
・本書のキー表記は、どの機種にも対応する一般的なキー表記を採用しています。2つのキーの間にプラス記号（＋）がある場合は、それらのキーを同時に押すことを示しています。
・レッスンの冒頭にあるキーワードは、そのレッスンで学習する主な機能です。

おことわり
本書発行後（2019年4月以降）の機能やサービスの変更により、誌面の通りに表示されなかったり操作できなかったりすることがあります。その場合は適宜別の方法で操作してください。

実習用データ

本書では、基本的にファイルを一から作成していますが、一部の操作では既存のファイルを開く操作が必要になります。実習のために必要なファイルを、以下の方法でダウンロードしてご利用ください。

ダウンロード方法
①以下のサイトにアクセスします（URLの末尾は、英字1文字と数字5桁です）。
　https://nkbp.jp/P60120
②[実習用データと練習・総合問題の解答のダウンロード]をクリックします。
③表示されたページにあるそれぞれのダウンロードのリンクをクリックして、適当なフォルダーにダウンロードします。ファイルのダウンロードには日経IDおよび日経BOOKプラスへの登録が必要になります（いずれも登録は無料）。
④ダウンロードしたzip形式の圧縮ファイルを展開すると[IT-PP2019]フォルダーが作成されます。
⑤[IT-PP2019]フォルダーを[ドキュメント]フォルダーまたは講師から指示されたフォルダーなどに移動します。

ダウンロードしたファイルを開くときの注意事項
インターネット経由でダウンロードしたファイルを開く場合、「注意――インターネットから入手したファイルは、ウイルスに感染している可能性があります。編集する必要がなければ、保護ビューのままにしておくことをお勧めします。」というメッセージバーが表示されることがあります。その場合は、[編集を有効にする]をクリックして操作を進めてください。
ダウンロードしたzipファイルを右クリックし、ショートカットメニューの[プロパティ]をクリックして、[全般]タブで[ブロックの解除]を行うと、上記のメッセージが表示されなくなります。

実習用データの内容

フォルダー名	フォルダー／ファイル名	内容
[IT-PP2019]	[完成例]	本文の完成ファイル、練習問題の完成ファイル（[練習問題]フォルダーの中）、総合問題の完成ファイル（[総合問題]フォルダーの中）が収められています。必要に応じて別の場所に移動してください。
	[保存用]	操作したファイルを保存するためのフォルダーです。最初は空です。
	[補足資料]	学習の参考になる資料のファイルが収められています。「Q&A対応メモ」や「カラー補足資料」などがあります。
	使用ファイル	本文や練習問題の実習で使用するファイルです。

ファイルの保存場所
※本文でファイルを開いたり保存したりするときは、具体的なフォルダーの場所を指示していません。実際に操作するときは、上記[IT-PP2019]フォルダーまたはその内容の移動先を指定してください。
本書では[IT-PP2019]フォルダーの保存先を、コンピューターのハードディスクとした状態で解説しています。Officeのファイルの保存先としてはクラウド上のOneDriveも利用できますが、本書では説明を省略しています。

練習問題の解答
本書の各レッスンの終わりにある練習問題、総合問題の解答をダウンロードすることができます。
ダウンロード方法は、上記の「ダウンロード方法」を参照してください。

PowerPoint 2019 の画面

PowerPoint 2019の画面の各部の名称を確認しましょう。

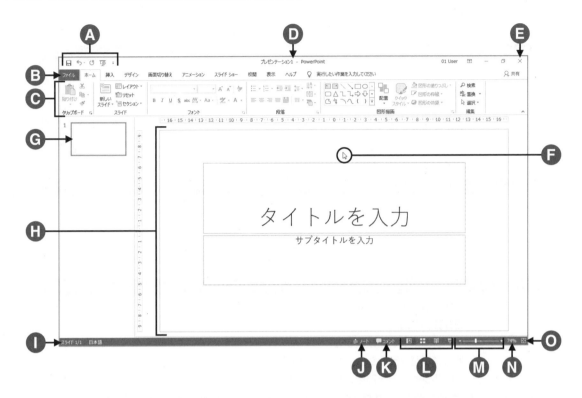

A クイックアクセスツールバー
[上書き保存][元に戻す]ボタンなど、よく利用するボタンが配置されています。

B [ファイル]タブ
クリックすると、[新規][開く][名前を付けて保存][印刷]などの画面が表示され、ファイルに関する操作ができます。

C リボン
操作で使用できるコマンドがグループごとに整理され、タブごとにまとめられています。

D タイトルバー
アプリケーション名やファイル名などが表示されます。

E 閉じるボタン
アプリケーションを終了するときに使用します。複数ファイルを開いている場合は、アクティブなファイルだけを閉じます。

F マウスポインター
ポイントする場所や状況によって形が変わります。

G [スライド]サムネイル
標準表示モードでスライドの一覧表示を行います。

H スライドペイン
スライドの作成、編集などを行う領域です。

I ステータスバー
スライドの枚数や適用されているテーマなど、状況に合わせたプレゼンテーションに関する情報が表示されます。

J ノート
表示しているスライドに関するメモ(ノート)を入力できる「ノートペイン」の表示/非表示を切り替えます。

K コメント
コメント作業用のウィンドウが表示され、これまでに入力されたコメントを見たり、自分のコメントを記入できます。

L スライドの表示モードを切り替えることができます。

M ズームスライダー
画面の表示倍率を切り替えます。

N ズーム
現在の表示倍率が表示されています。クリックすると[ズーム]ダイアログボックスが表示されます。

O アプリケーションウィンドウのサイズに合わせてスライドを拡大、縮小することができます。

(5)

目次

はじめに ——————————————————————————— (3)
実習用データ ————————————————————————— (4)
PowerPoint 2019 の画面 ————————————————————— (5)

Lesson1　プレゼンテーションの企画　　1
プレゼンテーションの目的を明確にする ———————————————— 2
聞き手のニーズを予測する ————————————————————— 4
新しいプレゼンテーションを作成する【操作】——————————————— 5
表紙を作成する【操作】—————————————————————— 8
新しいスライドを追加する【操作】——————————————————— 9
文字を入力する【操作】————————————————————— 11

Lesson2　わかりやすいストーリー構成　　17
伝えたいメッセージを整理する ——————————————————— 18
ストーリー構成を考える ————————————————————— 19
アウトライン機能でスライドを作成する【操作】—————————————— 21
アウトライン機能で構成を編集する【操作】———————————————— 23

Lesson3　必要な情報の収集　　27
必要な情報を洗い出す —————————————————————— 28
既存資料を活用する ——————————————————————— 29
インターネットで検索する ————————————————————— 30
他のプレゼンテーションからスライドごとコピーする【操作】———————— 32
他のスライドの一部をコピーする【操作】————————————————— 36

Lesson4　センスアップするレイアウトデザイン　　40
スライド全体のデザインを決める —————————————————— 41
全ページに必要な表記を決める ——————————————————— 42
フォントのレイアウトデザインを決める ———————————————— 43
テーマを設定して全体デザインを決める【操作】—————————————— 45
スライドマスターでデザインを編集する【操作】—————————————— 48
テーマを保存する【操作】————————————————————— 52

Lesson5　視覚に訴えるチャート化　　55
チャート化のステップ —————————————————————— 56
伝えたいことに合ったチャートの形を選択する —————————————— 59
図形の組み合わせで図解する【操作】—————————————————— 62
SmartArt グラフィックで図解する【操作】———————————————— 68

Lesson6　訴求力を上げるカラー化　　74
カラーの基礎知識 ———————————————————————— 75
統一感でセンスアップする ————————————————————— 76
アクセントカラーでポイントを強調する ———————————————— 77
ルールを決めて理解度を上げる ——————————————————— 77
図形のカラーを編集する【操作】——————————————————— 78
SmartArt グラフィックのカラーを編集する【操作】————————————— 82

Lesson7　数値をアピールする表・グラフ活用　　86
目的に合わせて表とグラフを使い分ける ———————————————— 87
表の基本ルール ————————————————————————— 87

表をビジュアル化する	88
グラフの基本ルール	89
グラフをビジュアル化する	91
ビジュアルな表を作成する【操作】	93
ビジュアルなグラフを作成する【操作】	97

Lesson8　イメージを伝えるイラスト・写真活用　103

イラストで変化をつける	104
写真で具体的なイメージを伝える	106
内容に合ったアイコンを挿入する【操作】	107
アイコンを編集する【操作】	110
内容に合ったイラストを貼り付ける【操作】	111
イラストを編集する【操作】	113
内容に合った写真を貼り付ける【操作】	114
写真を編集する【操作】	116

Lesson9　発表で魅せるアニメーション　119

アニメーションの効果を理解する	120
内容にマッチしたアニメーションを選択する	122
箇条書きを説明順に表示する【操作】	124
図形を説明順に表示する【操作】	125
強調したい部分の色を変える【操作】	127
画面切り替えの動きで印象づける【操作】	128

Lesson10　自信を高める万全な準備　135

準備チェックリストを作成する	136
トーク内容や時間配分を決める	139
リハーサルする	140
ノートにトークを記入する【操作】	141
リハーサル機能で練習する【操作】	142
配布資料を印刷する【操作】	145

Lesson11　メッセージが伝わる発表スキル　147

よい印象を与える	148
わかりやすく話す	149
聞き手の注意をそらさない	149
スライドショーを実行する【操作】	152
スライドを自由に行き来する【操作】	156
ブラックアウトで効果を高める【操作】	158

Lesson12　信頼を得る質疑応答　160

質問のルールを最初に伝える	161
質問者の話をよく聞く	162
質問者が満足する回答をする	163
質問内容をメモする	164
ハイパーリンクで質疑応答に備える【操作】	167

総合問題 1	173
総合問題 2	176
総合問題 3	179
索引	182

Lesson 1 プレゼンテーションの企画

「プレゼンテーション」とは、報告、企画、提案など、自分が伝えたい内容を聞き手の前で説明する「発表」のことです。聞き手に理解してもらい、成果を得るために行います。成果はプレゼンテーションの目的によって違いますが、「プレゼンテーションが終わったあと、聞き手にこうしてほしいと思っていること」が実現する状態です。たとえば、報告を理解して納得してもらう、企画や提案を理解して採用してもらうなどです。
このレッスンでは、プレゼンテーションの目的を明確にして、聞き手のニーズ（求めること）を予測し、効果的なプレゼンテーションを企画するポイントを実習します。

キーワード
- □□プレゼンテーションの目的
- □□聞き手のニーズを予測するために考えるポイント
- □□表紙（タイトルスライド）
- □□プレースホルダー
- □□スライドの追加
- □□スライドレイアウト
- □□画面表示モード

このレッスンのポイント

▶ プレゼンテーションの目的を明確にする
▶ 聞き手のニーズを予測する
▶ 新しいプレゼンテーションを作成する
▶ 表紙を作成する
▶ 新しいスライドを追加する
▶ 文字を入力する

完成例（ファイル名：01_自己紹介完成.pptx）

プレゼンテーションの目的を明確にする

プレゼンテーションは、目的によって大きく3つに分かれます。「プレゼンテーションの目的」が違えば、目指すゴールも違います。何をゴールにするのか、明確に意識することが大切です。

●説得のプレゼンテーション

聞き手を説得するのが目的のプレゼンテーションでは、ゴールは「聞き手に意思決定してもらうこと」です。たとえば、新しい企画を提案したり、自社の商品やサービスをお客様に提案するプレゼンテーションがこれにあたります。企画や提案の内容を採用するという意思決定を得るために行います。

●情報伝達のプレゼンテーション

聞き手に情報伝達するのが目的のプレゼンテーションでは、ゴールは「聞き手に理解してもらうこと」です。研究発表や活動報告、何かの説明会のプレゼンテーションがこれにあたります。説明内容を理解してもらうために行います。

●楽しませるプレゼンテーション

聞き手を楽しませることが目的のプレゼンテーションでは、ゴールは「聞き手に楽しんで満足してもらうこと」です。ビジネスシーンでは、楽しませることが第一目標のプレゼンテーションは少ないですが、プライベートでは結婚披露宴に招かれて友人代表で話すスピーチなどがあります。純粋に楽しんで満足いただくために行います。

フォームの活用
目的やゴールを文章に表すために次のページのようなフォームを用意しておくと便利です。

目的やゴールを明確にしたら、文章で表してみましょう。必要な項目の例は、「①プレゼンテーションテーマ、②開催日時、③場所、④発表者、⑤対象者、⑥プレゼンテーションの目的、⑦プレゼンテーションのゴールイメージ」です。
これは、自分自身がきちんと理解するために効果があるのはもちろんですが、複数のメンバーでプレゼンテーションの準備をするときに重要です。全員で目的を共有し、共通のゴールに向かって活動しやすくなるという効果があります。

● 情報伝達のプレゼンテーション企画シート記入例

目的は「聞き手に理解してもらうこと」なので、理解してほしいポイントを整理して、ゴールイメージの欄に記入します。取ってほしい行動もあれば記入しましょう。

プレゼン企画シート

対象者（聞き手）	中嶋教授、ゼミメンバー15名
開催日時	20××年1月17日
場所	A棟105教室
プレゼンテーマ	私たちにもできるエコロジーへの取り組み調査報告
発表者（話し手）	Bチームリーダー　川崎祐希
プレゼンの目的 □ 説得 ■ 情報伝達 □ 楽しませる □ その他	●何のためにプレゼンテーションするのか？ テーマついて、Bチームが調査したことを中間報告する。 1. 調査内容の理解 　調査内容を全員に理解してもらう。 2. アドバイスや意見の収集 　最終報告に向けて追加で調査したほうがよいことなど、中嶋教授およびゼミメンバーからアドバイスや意見をもらう。
プレゼンの ゴールイメージ	●どうなれば成功したといえるのか？ 【聞き手に理解して欲しいこと】 エコロジーへの取り組みは、特別なことではなく、一人ひとりの小さな努力の積み重ねであるということを実感してもらう。 【プレゼン終了後、聞き手に取ってほしい行動】 Bチームの今後の活動に対してアドバイスをする。

箇条書きによる整理
プレゼンテーションの目的やゴールイメージ欄は、できるだけ箇条書きに整理して簡潔に書きましょう。文章で説明するよりわかりやすいでしょう。

● 説得のプレゼンテーション企画シート記入例

目的は「聞き手に意思決定してもらうこと」なので、何を決めてほしいかを整理して、ゴールイメージの欄に記入します。提案の場合、すぐに最終目標が達成できるとは限りません。「少なくともこれだけは」という中間目標を考えておくとよいでしょう。

プレゼン企画シート

対象者（聞き手）	サークルメンバー25名、OB/OG　5名
開催日時	20××年5月10日
場所	A棟207教室
プレゼンテーマ	サークル旅行プランの提案
発表者（話し手）	旅行プラン担当　沢村敬之、鈴木友里
プレゼンの目的 ■ 説得 □ 情報伝達 □ 楽しませる □ その他	●何のためにプレゼンテーションするのか？ 旅行プランを2つ提案し、 1. 2つの旅行プランの内容を理解してもらう。 2. 投票によってどちらを採用するか（あるいは両方不採用）を決定してもらう。
プレゼンの ゴールイメージ	●どうなれば成功したといえるのか？ 【聞き手に理解して欲しいこと】 2つの旅行プランのメリット/デメリット。（費用面・内容面） 【プレゼン終了後、聞き手に取ってほしい行動】 最終目標：旅行プランを決定する。 中間目標：投票で決まらない場合は、不満点をあげてもらう。それをもとに旅行プランを見直して再度プレゼンさせてもらう日を決定する。

中間目標
右の例では中間目標を1つ置いていますが、複数の中間目標を段階を追ってクリアしながら最終目標を目指す場合もあります。

聞き手のニーズを予測する

プレゼンテーション成功のカギは「聞き手の身になって考えること」、「聞き手のニーズ（求めていること）を満たすこと」です。私たちは、伝えたいことがあるからプレゼンテーションをするわけですが、聞き手も何らかの理由で聞く必要があってプレゼンテーションを聞いてくれるはずです。聞き手が求めていないことを一生懸命話しても、受け入れてもらえません。聞き手のニーズは何かを予測して、自分が伝えたいことを聞き手のニーズに合うようにしてお話できれば、興味を持って耳を傾けてくれる可能性があります。

「聞き手のニーズを予測するために考えるポイント」は次のとおりです。

●聞き手はなぜプレゼンテーションを聞きに来てくれるのか？
　▶（参加目的や動機を考える）

●聞き手が興味を持っていること、こだわっていることは何か？
　▶（聞き手の興味や関心事、こだわりを考える）

●聞き手にとって必要な情報は何か？
　▶（何を話したら満足してもらえるかを抜け漏れなく考える）

●聞き手にとって最も重要なポイントは何か？
　▶（何をアピールしたら満足してもらえるかを考える）

つまり、聞き手の求めている内容になっているか？と、聞き手が求めているストーリー（話の順序や説明項目）になっているか？ということです。たとえば、リンゴに興味があってリンゴについて話が聞きたいという動機で参加した人に、みかんの提案をしても受け入れてもらえません。また、リンゴを買うかどうか判断するために、産地、品種、味の特徴、値段が知りたいと思っているのに、説明項目が不足していたら不満に思います。なかでも産地や品種にこだわりを持っている人に対して、勝手に「安いほうが喜ぶだろう」と考えて値段の安さのアピールに時間をかけても効果が少ないでしょう。自分の思い込みではなく、聞き手のニーズを予測してプレゼンテーションを企画することが大切です。

ニーズ予測のための情報収集

聞き手のニーズを予測するには、聞き手を知るための活動が大切です。たとえば、ビジネスにおいて顧客に提案する場合は、顧客の企業情報をホームページで調べたり、提案前に訪問して直接ヒアリングするなどの活動をします。

新しいプレゼンテーションを作成する【操作】

PowerPointを起動して新しいプレゼンテーションを作成し、保存します。

● PowerPointの起動
1. PowerPointを起動します。スタート画面が表示されます。
2. テーマの一覧が表示されるので、[新しいプレゼンテーション]をクリックします。
3. [プレゼンテーション1-PowerPoint]ウィンドウが表示され、空のタイトルスライドが表示されます。

活用

よく使うアプリケーションは、すぐ起動できるようにスタートメニューの右にショートカットを置くと便利です。これをタイルと呼びます。タイルをスタートメニューに置くには、スタートメニューをクリックして表示されるアプリのアイコンの上で右クリックして、[スタートにピン留めする]をクリックします。スタートメニューに置いたタイルをクリックするとアプリケーションが起動します。
また、[その他]をポイントして[タスクバーにピン留めする]をクリックすると、タスクバーにアプリケーションのアイコンが常に表示された状態になるので、そのアイコンをクリックしてアプリケーションを起動することができます。

●名前を付けて保存

1. [ファイル]タブをクリックし、[名前を付けて保存]をクリックします。
2. [このPC]をダブルクリックします。

ファイルの種類

[ファイルの種類]に表示されている[PowerPointプレゼンテーション]は、PowerPoint 2010以降、共通のファイル形式です。

ファイルの保存先

PowerPoint 2016以降、Microsoftが提供するインターネット上の保存スペースであるOneDriveを保存先に指定できます。OneDriveに保存すると、インターネットを介してどこからでもアクセスできます。従来どおり自分のパソコンに保存するには[このPC]を選択します。

3. [名前を付けて保存]ダイアログボックスが表示されるので、保存するフォルダーを指定します。ここでは[保存用]フォルダーを指定します。
4. [ファイル名]ボックスに「01_自己紹介」と入力して、[保存]をクリックします。

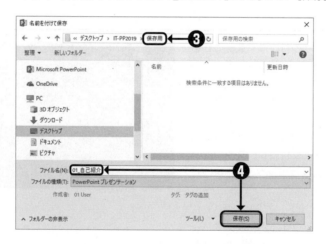

5. ファイルが[保存用]フォルダーに「01_自己紹介」という名前で保存されます。

クイックアクセスツールバー

タイトルバーの左端にあります。

最近使ったファイルを開く

最近使ったファイルは、[ファイル]タブをクリックし、[開く]をクリックすると[最近使ったアイテム]に表示されます。そこから選択して開くことができます。

●上書き保存

一度保存したファイルに編集を加えたあと、上書き保存して更新する場合は、クイックアクセスツールバーの[上書き保存]ボタンをクリックします。操作ミスや停電など予期せぬトラブルでファイルが失われることもあるので、こまめに上書き保存する習慣を身に付けましょう。

●ファイルを開く

既存のファイルを開く場合は、[ファイル]タブをクリックし、[開く]をクリックします。保存先として[OneDrive]または[このPC]をダブルクリックして、[ファイルを開く]ダイアログボックスで保存したフォルダーを指定して、一覧から開きたいファイルを選択して[開く]をクリックします。
また、既存のファイルは、ファイルのアイコンをダブルクリックしても開くことができます。

> **活用**
>
> スライドのサイズは、初期設定では[ワイド画面（16:9）]ですが、[標準（4:3）]に変更できます。変更するには、[デザイン]タブの[スライドのサイズ]ボタンをクリックして[標準（4:3）]をクリックします。実際のビジネスシーンでは、新旧さまざまなパソコンやプロジェクターを使用するので、必要に応じてスライドのサイズを使い分けましょう。
>
>

表紙を作成する【操作】

「表紙(タイトルスライド)」には、あらかじめプレゼンテーションのタイトルとサブタイトルを入力する領域(プレースホルダー)が用意されています。「プレースホルダー」をクリックして、文字などを入力します。タイトルとサブタイトル以外の場所に入力したい文字があれば、テキストボックスを挿入して書き加えます。たとえば、提案書の宛先として「○○株式会社御中」と書いたり、その資料に関する補足情報として「××会議配布資料(禁複写)」と書いたりする場合です。

●表紙の作成

1. [タイトルを入力]と表示されているプレースホルダーをクリックしてタイトルを入力します。ここでは「私の自己紹介」と入力します。
2. 同様の操作でサブタイトルを入力します。ここでは自分の氏名を入力します。ここでは「佐藤 優」と入力しています。なお、姓名の間にはスペースキーで全角スペースを入力しています。

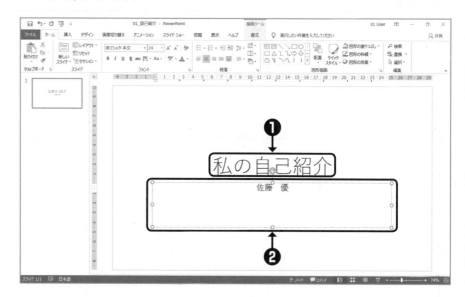

3. [挿入]タブの [テキストボックス]ボタンをクリックします。

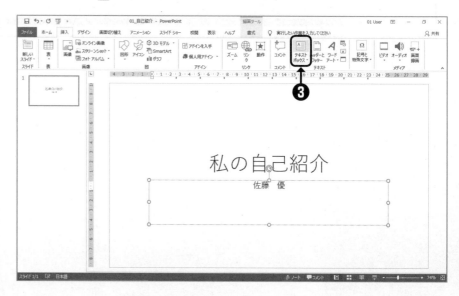

プレースホルダー
スライド上の点線で囲まれた枠のことで、文字だけを入力できるテキスト用のプレースホルダーと、図やグラフなどを入力できるコンテツ用のプレースホルダーがあります。

プレゼンテーションのタイトル
あまり長すぎるタイトルはわかりにくいので簡潔にまとめましょう。[サブタイトルを入力]と表示されているプレースホルダーには、サブタイトルを入力する他、その資料を提出する側(個人名または、企業名や所属名など)の情報を入力するために使われます。

4. 任意の位置でクリックして文字を入力します。ここでは「発表会用資料」と入力します。

テキストボックスの位置調整

入力した文字の位置のバランスが悪い場合は、テキストボックスの外枠にマウスポインターを合わせて になったらドラッグして移動します。

フォントサイズの調整

入力した文字のフォントサイズのバランスが悪い場合は、テキストボックスをクリックして選択して[ホーム]タブの [フォントサイズ]ボックスで変更します。

新しいスライドを追加する【操作】

2ページ目以降は、必要に応じて「スライドを追加」します。スライドはさまざまなレイアウトが用意されています。そのスライドに書く要素（スライドタイトル、箇条書きの文章、チャート、表、グラフ、写真など）に合わせて「スライドレイアウト」を選択します。
また、レイアウトはスライド作成後でも変更することができます。
ここでは新しいスライドの挿入やスライドレイアウトの変更方法を実習します。

●新しいスライドの挿入（タイトルとコンテンツ）
1. [ホーム]タブの [新しいスライド]ボタンをクリックします。
2. [タイトルとコンテンツ]スライドが挿入されます。

●新しいスライドの挿入（タイトルとコンテンツ以外のレイアウト）
1. [ホーム]タブの 📄 [新しいスライド]ボタンの▼をクリックします。
2. スライドレイアウトの一覧が表示されるので、任意のレイアウトをクリックします。
    ここでは[2つのコンテンツ]をクリックします。
3. [2つのコンテンツ]のスライドが挿入されます。

スライドレイアウトの種類

スライドレイアウトの種類は、タイトルスライド、タイトルとコンテンツ、セクション見出し、2つのコンテンツ、比較、タイトルのみ、白紙、タイトル付きのコンテンツ、タイトル付きの図、タイトルと縦書きテキスト、縦書きタイトルと縦書きテキストの11種類が用意されています。

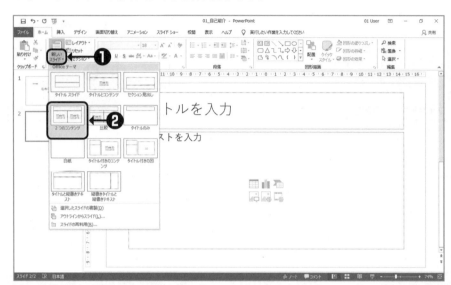

●スライドレイアウトの変更
1. 3枚目のスライドを表示して、[ホーム]タブの [レイアウト] [レイアウト]ボタンをクリックします。
2. スライドレイアウトの一覧が表示されるので、任意のレイアウトをクリックします。
    ここでは[タイトルのみ]をクリックします。
3. クイックアクセスツールバーの 🔛 [上書き保存]ボタンをクリックします。
4. ✕ 閉じるボタンをクリックします。

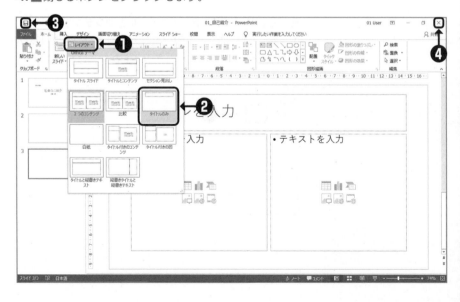

文字を入力する【操作】

スライドには、任意の場所にスライドタイトルや箇条書きなどの文字を入力したり、スライド番号を入れたりできます。
ここでは、スライドタイトルや箇条書きの入力、スライド番号の表示、さまざまな作業がしやすいように表示を切り替える方法などを実習します。

●スライドタイトルの入力
1. ファイル「博多紹介」を開きます。
2. 2枚目のスライドを表示します。
3. [タイトルを入力]と表示されているプレースホルダーをクリックして、スライドタイトルを入力します。ここでは「地下鉄空港線とは」と入力します。

プレースホルダーの自動調整
スライドタイトルを入力するプレースホルダーは、標準では文字がはみ出した場合に自動調整する設定になっています。したがって、タイトルが長ければ文字の大きさが自動的に変更され、収まるように調整されます。

ルーラーの表示
スライドのすぐ上と左側に表示されている物差しのような部分をルーラーと呼びます。タブ位置を調整するときや、スライド内の図形などコンテンツの位置のバランスを確認するときに便利です。
[表示]タブの[ルーラー]チェックボックスをオンにすると表示できます。
本書では、ルーラーを表示して実習しています。

自動改行
1行を超える文字列を入力すると、自動的に改行されます。

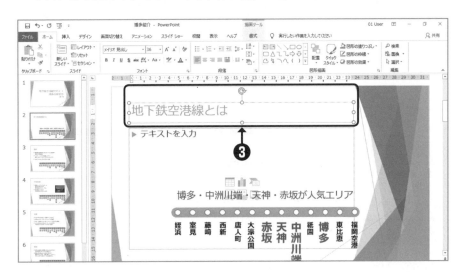

●箇条書きの入力
1. [テキストを入力]と表示されているプレースホルダーをクリックして、箇条書きを入力します。ここでは「主要な観光地を効率よく通って便利です。」と入力して**Enter**キーを押します。
2. 改行されて行頭文字が表示されるので、続けて次のとおり入力します。
「福岡空港から博多まで5分」**Enter**キー
「博多から唐人町まで11分」

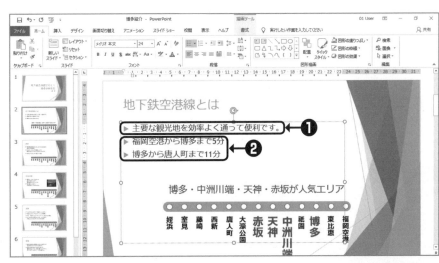

段落のレベル段階

段落のレベルは5段階まで用意されています。段落内をクリックして[インデントを増やす]ボタンをクリックするたびに1段階ずつ右へずれます。

段落のレベルを左へ戻す

段落のレベルを左へ戻すには、段落内をクリックして[インデントを減らす]ボタンをクリックします。

●箇条書きのレベル変更

1. [福岡空港から博多まで5分]の段落内をクリックし、[ホーム]タブの[インデントを増やす]ボタンをクリックします。

図のように段落のレベルが1段階右へずれます。

2. 同様の操作で、[博多から唐人町まで11分]のレベルも1段階変更します。

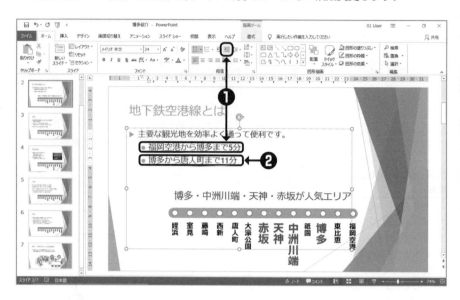

●箇条書きの途中への行の追加

1. [福岡空港から博多まで5分]の右側をクリックして、**Enter**キーを押します。

2. 新しい行が途中に追加されるので文字を入力します。

ここでは「博多から天神まで5分」と入力します。

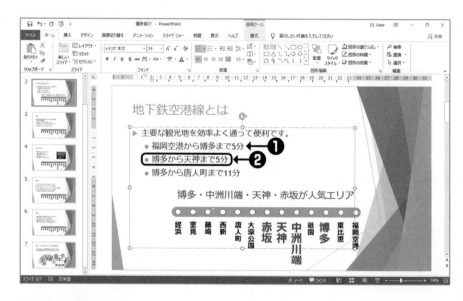

●スライド番号の追加

1. [挿入]タブの[ヘッダーとフッター]ボタンをクリックします。

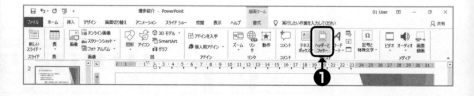

[ヘッダーとフッター]ダイアログボックスで可能な設定内容 スライド番号の設定や、日付と時刻の表示やヘッダーとフッターの表示が設定できます。 **スライドマスター機能** スライド番号、日付と時刻、ヘッダーとフッターなどの要素のレイアウトデザインは、スライドマスター機能で管理されています。詳しくはLesson 4を参照してください。	**2.** [ヘッダーとフッター]ダイアログボックスが表示されるので、[スライド番号]と[タイトルスライドに表示しない]のチェックボックスをオンにします。 **3.** [すべてに適用]をクリックします。 1枚目のタイトルスライドにはページ番号が表示されず、2枚目に[2]と表示されます。 **4.** 2枚目のスライドから番号を振るので、2枚目を[1]にします。[デザイン]タブの[スライドのサイズ]ボタンをクリックして[ユーザー設定のスライドのサイズ]をクリックします。 **5.** [スライドのサイズ]ダイアログボックスが表示されるので、[スライド開始番号]ボックスを「0」にします。 **6.** [OK]をクリックします。

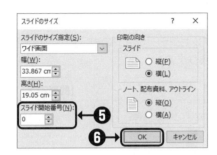

7. 2枚目のスライド番号が[1]になったのを確認します。

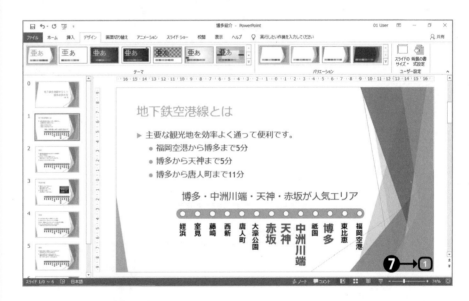

● **画面表示モードの種類**

PowerPointの「画面表示モード」は6種類あります。使い分けのポイントは次のとおりです。

- ■**標準表示**　　　　　スライドの中身を作成する。
- ■**アウトライン表示**　　ストーリー構成を編集したり、スライドの中身を作成する。
- ■**スライド一覧表示**　　全体の流れを確認したり、順序を変更する。
- ■**閲覧表示**　　　　　全画面で閲覧する。
- ■**ノート表示**　　　　ノートを入力、編集する。
- ■**スライドショー**　　プレゼンテーションをする。

●画面表示モードの切り替え

1. 画面右下に表示されている⊞[スライド一覧]ボタンをクリックします。
スライド一覧表示モードに切り替わります。
2. 画面右下に表示されている[閲覧表示]ボタンをクリックします。
閲覧表示モードに切り替わります。
3. **Esc**キーを押して、[表示]タブの[プレゼンテーションの表示]の[アウトライン表示]ボタンをクリックします。アウトライン表示に切り替わります。
4. [表示]タブの[プレゼンテーションの表示]の[ノート]ボタンをクリックします。
ノート表示モードに切り替わります。
5. 画面右下に表示されている[スライドショー]ボタンをクリックします。
現在のスライドからスライドショーが実行されます。確認したら**Esc**キーを押して終了します。
6. [表示]タブの[プレゼンテーションの表示]の[標準]ボタンをクリックします。標準表示モードに戻ります。

【スライド一覧表示】

【閲覧表示】

【アウトライン表示】

【ノート表示】

【スライドショー】

【標準表示】

7. 「博多紹介」という名前で、[保存用]フォルダーに保存します。

活用

標準表示のときに、画面右下の [標準]ボタンをクリックすると、画面左側がサムネイル表示からアウトライン表示に切り替わります。再度[標準]ボタンを押すと、サムネイル表示に戻ります。

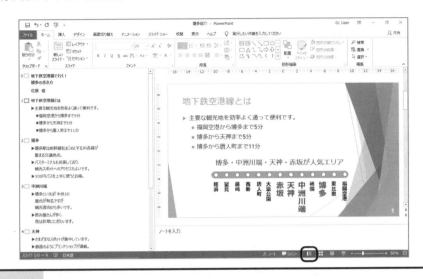

活用

標準表示のときに、画面右下の [コメント]ボタンをクリックすると、画面右側にコメントを編集するエリアが表示され、簡単に操作できます。複数の人で協力して1つのPowerPointプレゼンテーションを編集する場合に便利です。

練習問題

あなたがこれまで経験した説得のプレゼンテーション、情報伝達のプレゼンテーション、楽しませるプレゼンテーションがあれば、どういうプレゼンテーションだったか書き出してみましょう。

これから先、あなたが行う可能性がある説得のプレゼンテーション、情報伝達のプレゼンテーション、楽しませるプレゼンテーションがあれば、どういうプレゼンテーションか予測して書き出してみましょう。

好きなテーマでプレゼンテーションを企画しましょう。企画した内容を「プレゼン企画シート」に記入しましょう。
【テーマ例】
・サークルメンバー募集（参加してもらうための説得のプレゼンテーション）
・自己紹介（聞き手に自分を知ってもらうための情報伝達のプレゼンテーション）

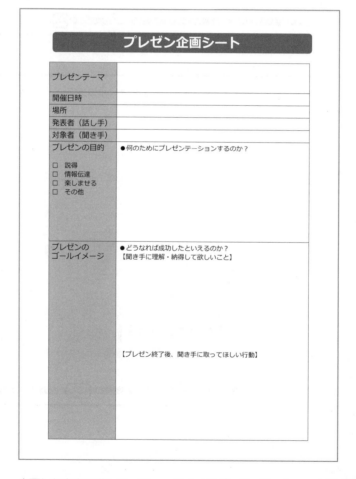

企画した内容に沿って、PowerPointでプレゼンテーションを作成しましょう。

❶表紙（タイトルスライド）に、タイトルとサブタイトルを入力しましょう。
❷新しいスライドを1枚追加しましょう。
❸追加したスライドを[タイトルのみ]のレイアウトに変更しましょう。
❹[保存用]フォルダーに「練習_あなたの氏名」と名前を付けて保存しましょう。
　例：山田さんの場合は「練習_山田」というファイル名になります。

Lesson 2 わかりやすいストーリー構成

プレゼンテーションの目的とゴールが明確になったら、目的を達成してゴールに到達するために、何をどう伝えたらよいのか考えます。予測した聞き手のニーズを念頭に置きながら、聞き手がよく理解して納得するために、あるいは、次の行動を起こすために、わかりやすいストーリー構成を企画します。

このレッスンでは、伝えたいメッセージを整理してストーリー構成を考えるときのポイントを学びます。PowerPointの操作は、ストーリー構成を考えながらPowerPointプレゼンテーションを作成するときに便利な機能として、アウトラインによるスライド作成や編集方法を実習します。

キーワード
- □□メッセージの整理
- □□ストーリー構成
- □□序論
- □□本論
- □□結論
- □□ツリー図
- □□アウトライン
- □□[アウトライン]ペイン

このレッスンのポイント

▶ 伝えたいメッセージを整理する
▶ ストーリー構成を考える
▶ アウトライン機能でスライドを作成する
▶ アウトライン機能で構成を編集する

完成例（ファイル名：02_自己紹介完成.pptx）

伝えたいメッセージを整理する

ストーリー構成を考えるとき、まず、「伝えたいメッセージを思いつくままに書き出してみて、それを整理する」ことから始めます。「メッセージの整理」というのは、書き出したメッセージを分類したりメッセージ同士の関係を考えながら、目的やゴールのために伝える必要があるメッセージは何か、選ぶことです。

伝えるメッセージは、多ければよいというものではありません。むしろ、本当に必要なメッセージだけに絞ってしっかり伝えたほうが、聞き手に強い印象を残すことができます。あれこれ盛り込み過ぎると、焦点がぼけてメッセージも弱くなります。

自己紹介のプレゼンテーションを例に考えてみましょう。
佐藤さんは、同じクラスのメンバーに自己紹介するプレゼンテーションを考えています。目的は「クラスのメンバーとのコミュニケーションをよくすること」、ゴールは「自分を知ってもらうこと」、「興味を持ってもらい、メンバーとの会話が増えること」です。何を話したら興味を持ってもらえるか、考えてみました。

メッセージの整理方法
伝えたいメッセージを思いつくままに書き出して整理するとき、WordやPowerPointを使って入力しながら書き出してもよいですが、付箋紙を使うアナログな方法もあります。1枚に1つのメッセージ（キーワード）を書き、あとからその付箋紙を見ながらグループ分けしたり、順番を考えたりします。付箋紙なら何度も貼り替えて、メッセージの構造をシミュレーションできます。

佐藤さんが思いついたことを分類すると、①趣味（旅行）、②出身地、③クラブ活動の3つになります。

趣味	出身地	クラブ活動
旅行	福岡県	中学はテニス部
世界遺産を見て回りたい	博多山笠が楽しみ	高校は部活をしていない
（2か所行った）	博多の安くておいしいものなら任せて！	今はゴルフサークル
ハワイ最高！		初ラウンド178
京都が好き		ベストスコア117
		週に3回練習

分類したものをみて、何を伝えたらよいか再検討します。プレゼンテーションの制限時間が決まっていれば、時間内に話せるメッセージ量も考えて選びます。

たとえば、趣味の旅行については、いろんなところに行ったというメッセージを伝えたいならハワイや京都の話も織り交ぜてもよいですが、今は世界遺産に興味を持っていることをアピールしたい場合、そこに絞ったほうがよいでしょう。クラブ活動の話も、中学や高校の話に特徴的なことがないなら、今のゴルフサークルの話に絞ります。

そこで、佐藤さんは次のメッセージを伝えることに決めました。

趣味	出身地	クラブ活動
旅行	福岡県	ゴルフサークル
・世界遺産を見て回りたい	・博多山笠（お祭り）紹介	・腕前（スコア）
・私が行った世界遺産	・博多のB級グルメ紹介	・上達目指して練習中

こうして伝えることを絞ると、わかりやすいストーリー構成が作りやすくなります。

ストーリー構成を考える

伝えるメッセージの概要が決まったら、「ストーリー構成」を考えます。整理したメッセージを、どういう内容で、どういう順番で話すかということです。
プレゼンテーション全体構成は、「序論→本論→結論」が基本です。

```
序論                    本論                    結論
これから何を            伝えたいことを          何を伝えたかったのか
伝えようとしているのか  ストーリーに沿って      ポイントをもう一度
ポイントを簡単に話す    詳しく話す              まとめて話す

簡単に                  詳細に                  簡単に
```

●序論のまとめ
「序論」では、これから何を伝えようとしているのか、ポイントを簡単に話します。結論を先に述べると考えてもよいでしょう。本論で詳しく話す前にポイントを伝えておくことで、聞き手に話を聞く準備をしてもらうのです。どこに重点を置いて聞いたらよいかわかれば、聞き手の理解度がアップします。序論のコツは「簡潔にまとめる」ことです。詳しく話したのでは本論と同じになります。
イメージ的には、PowerPointのスライド1枚で、ポイントを箇条書きにする程度でよいでしょう。

●本論の流れの決定
「本論」では、伝えたいことをストーリーに沿って詳しく話します。どういうストーリーで話したらわかりやすいか、論理的で聞き手の興味を引く構成を考えます。
論理的なストーリー構成を作るには、「ツリー図」が便利です。ツリー図とは、木の枝が分かれるように上から下、または左から右へと細かく分解して書く図です。その際に「どういう切り口で分解するのか」を意識すると、抜け漏れない構成が作成できます。
切り口の例は無数にありますが、次にいくつか紹介します。

■ヒト・モノ・カネ・情報
■衣・食・住
■時系列（現在・過去・未来など）
■物事の構成要素（例：観光→観る・食べる・買うなど）

ブレイクダウン
ツリー図で分解していくことを「ブレイクダウンする」といいます。ブレイクダウンするときの切り口に妥当性があって、抜け漏れなく、バランスよくブレイクダウンされていると、論理的で納得性の高い構成になります。

聞き手の興味を引き、よく理解してもらうには、実例やメッセージの裏付けとなる根拠や背景などを具体的に示すことが重要です。

佐藤さんの例では、メッセージをツリー図で整理すると次のような構造になっています。点線のところを、追加するとさらにわかりやすいでしょう。

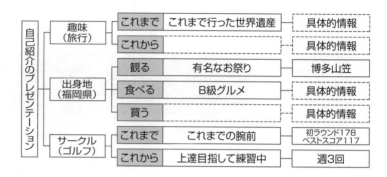

メッセージの順番

メッセージをどういう順番で伝えるかは、何をアピールしたいかによります。右の例でも、3つのポイントの中で特に強く伝えたい項目があるなら、それを先に説明してもよいでしょう。

話す順番にルールはありませんが、基本情報からプラスアルファの情報へと流れたほうが自然なので、①出身地、②サークル、③趣味の順番に変更します。

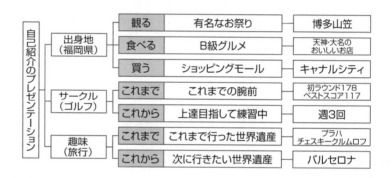

●結論のまとめ

「結論」では、何を伝えたかったのかもう一度ポイントをまとめて話します。序論、本論と話してきたことを、さらに聞き手の心にしっかり印象づけるために念押しします。結論も序論と同様に「簡潔にまとめる」のがコツです。まとめのスライドを1枚追加する程度で十分です。

佐藤さんは、結論のスライドでは①出身地が福岡県であること、②サークルがゴルフであること、③趣味が旅行であることに加えて、クラスのメンバーとのコミュニケーションのきっかけとなる次のような問いかけを話すことにしました。

■博多に旅行するときは、おいしいお店を紹介するので聞いてください。
■ゴルフが上手な人、好きな人は、私たちのサークルに入りませんか？
■バルセロナに行った人、お話聞かせてください。

いかがでしょうか？こうして、序論・本論・結論をまとめると、佐藤さんの自己紹介のプレゼンテーションは次のような構成になります。

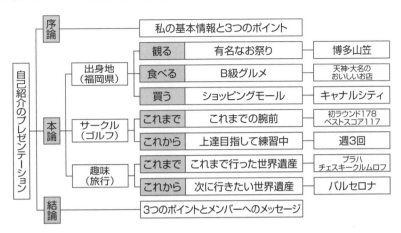

上記の例では、出身地の説明をする場合に「①観る②食べる③買う」と3つのポイントに分解しています。これは、聞き手が観光することをイメージして楽しんで聞けるように、一般的に観光の楽しみとなる構成要素を予測したものです。実際には、他にも構成要素はあるので別の情報を追加してもよいでしょう。

一方、プレゼンテーションの制限時間が短い場合は、これだけたくさんの情報を伝えると散漫になるおそれもあります。そのときは、抜け漏れなく情報を伝えることよりも、印象深いメッセージをしっかり伝えることを優先して、どれか1つに絞る方法もあります。

アウトライン機能でスライドを作成する【操作】

「アウトライン」とは、プレゼンテーション全体の構成を見たり、編集したりできる機能です。ストーリー構成を考えながら、スライドを作成するのに便利な機能です。
「［アウトライン］ペイン」を表示して、新しいスライドを追加します。

●アウトラインの表示
1. ファイル「02_自己紹介」を開きます。
2. 標準表示のときに画面右下の[標準]ボタンをクリックします。［アウトライン］ペインが表示されます。

［アウトライン］ペインの幅

［アウトライン］ペインの幅は、右側の境界線をドラッグすると広げることができます。スライドタイトルや箇条書きテキストが長い場合は、広げると見やすくなります。

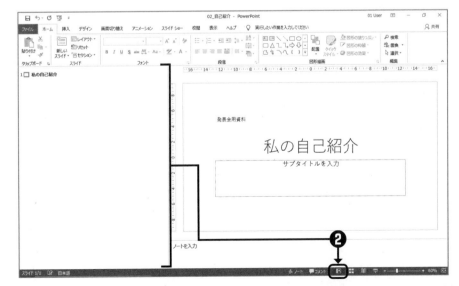

活用

[アウトライン]ペインは次のような構成になっています。この中でスライドの追加、削除、コピー、移動、レベル変更など、さまざまな編集操作ができます。

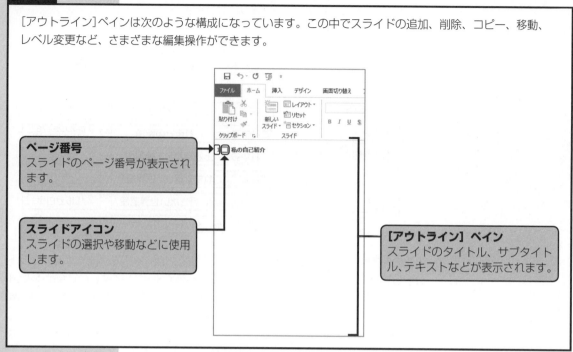

ページ番号
スライドのページ番号が表示されます。

スライドアイコン
スライドの選択や移動などに使用します。

[アウトライン] ペイン
スライドのタイトル、サブタイトル、テキストなどが表示されます。

追加したスライドのレイアウト
[アウトライン]ペインを使って右記の方法で追加したスライドのレイアウトは[タイトルとコンテンツ]になります。

●スライドの追加

1. [アウトライン]ペインの[私の自己紹介]の末尾をクリックして、**Enter**キーを押します。スライドが追加されます。

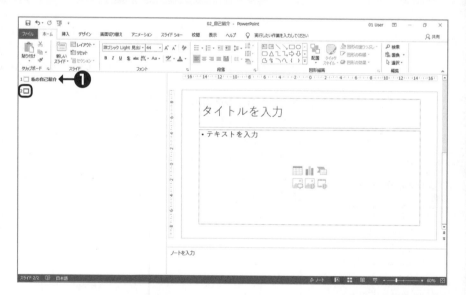

2. そのまま続けて、「出身地「博多」」と入力して**Enter**キーを押します。2枚目のスライドタイトルとして入力され、3枚目のスライドが追加されます。
3. 同様の操作で、「博多で観る」、「博多で食べる」、「博多で買う」、「サークル「ゴルフ」」、「これまでの腕前」、「初ラウンド」、「ベストスコア」、「上達を目指して」、「趣味「世界遺産旅行」」、「これまで行った世界遺産」、「これから行きたい世界遺産」とスライドを追加し、全13枚のプレゼンテーションにします。

[アウトライン]ペインの文字の拡大/縮小

[アウトライン]ペインの文字が小さくて見にくい場合は、[アウトライン]ペインのいずれかを選択した状態で[表示]タブの[ズーム]ボタンをクリックして、[ズーム]ダイアログボックスで倍率を変更します。初期設定は33%です。

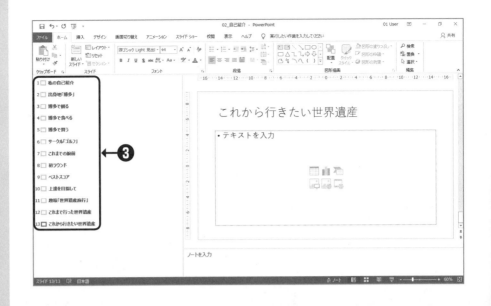

アウトライン機能で構成を編集する【操作】

ストーリー構成を考える過程で、あとからスライドの追加や削除をしたり、順序を入れ替えたり、1枚にまとめたり、さまざまな編集が必要になるでしょう。[アウトライン]ペインを使うと、全体の構成を見ながら編集できるので便利です。

●スライドの途中追加

1. [アウトライン]ペインの[私の自己紹介]の末尾をクリックして**Enter**キーを押します。2枚目に新しいスライドが追加されます。
2. 「はじめに」と入力して**Enter**キーを押して、「終わりに」と入力します。スライドが2枚追加されます。

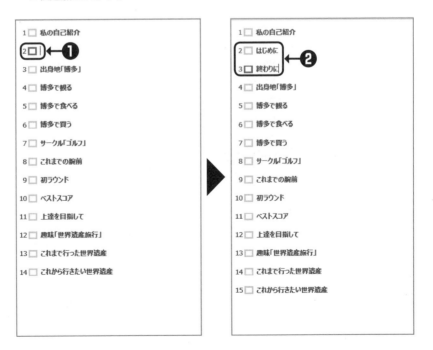

●スライドの移動

1. [終わりに]のスライドアイコンにマウスポインターを合わせて、[これから行きたい世界遺産]の下までドラッグします。

2. [終わりに]が最終ページになります。

スライド移動中のガイド線

スライドをドラッグして移動するとき、ガイドとなる線が表示されます。移動したい位置に線が表示されているのを確認してマウスボタンを離します。

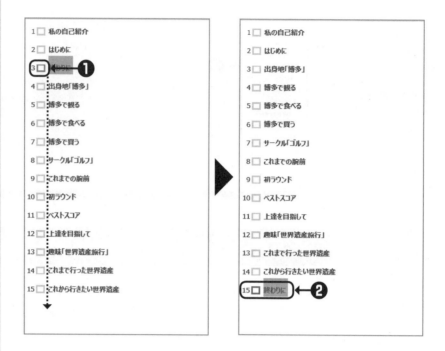

●スライドの削除

1. [初ラウンド]のスライドアイコンをクリックして、**Delete**キーを押します。

2. 同様の操作で[ベストスコア]も削除します。

●スライドのレベル変更

連続していない複数のスライドの選択
Ctrlキーを押しながら目的のスライドアイコンをクリックします。

1. ［博多で観る］のスライドアイコンをクリックして、［博多で買う］のスライドアイコンを**Shift**キーを押しながらクリックします。4～6枚目のスライドが複数選択されます。
2. ［ホーム］タブの ［インデントを増やす］ボタンをクリックします。
3. スライドのレベルが変更され、［博多で観る］、［博多で食べる］、［博多で買う］の3枚のスライドがなくなり、［出身地「博多」］の箇条書きとして1枚のスライドにまとめられます。

箇条書きをスライドにする方法
［ホーム］タブの ［インデントを減らす］ボタンを使うと、右記の操作と逆に箇条書きをスライドにできます。箇条書きを選択するには、箇条書きの行頭文字のすぐ左側をクリックします。

4. 同様の操作で、［これまでの腕前］、［上達を目指して］の2枚と、［これまで行った世界遺産］、［これから行きたい世界遺産］の2枚のスライドもレベルを1段階変更します。

5. 「02_自己紹介」という名前で、［保存用］フォルダーに保存します。

練習問題

 Lesson1で企画したプレゼンテーションの目的やゴールのために、伝えたいメッセージを思いつくままに書き出しましょう。

 書き出したメッセージを分類しましょう。

 分類したメッセージを見ながら、伝えるメッセージを再検討して選びましょう。

 伝えるメッセージが決まったら、ストーリー構成を考えましょう。

❶メッセージをツリー図にして整理しましょう。
❷分解する切り口を考えながら、不足している情報があれば追加しましょう。
❸聞き手に納得してもらうために、どこでどういう実例や根拠、背景を話すかを考えて、ツリー図に書き加えましょう。

 Lesson1で作成したファイル「練習_あなたの氏名」に、アウトライン機能を使ってスライドを追加しましょう。

❶[保存用]フォルダーのファイル「練習_あなたの氏名」を開きましょう。
❷標準表示のときに画面右下の[標準]ボタンをクリックして、[アウトライン]ペインを表示しましょう。
❸問題2-4で整理したとおりに、スライドを追加しましょう。
　ストーリー構成を検討しながら、必要に応じてLesson2で学んだアウトラインの編集操作を使って修正しましょう。
❹ファイル「練習_あなたの氏名」を上書き保存しましょう。

Lesson 3 必要な情報の収集

プレゼンテーションのストーリー構成が決まったら、プレゼンテーションを作成するために必要な情報を集めます。
このレッスンでは、正確にわかりやすく具体的に伝えるために、必要な情報を集めるときのポイントを学びます。PowerPointの操作は、他のPowerPointプレゼンテーションのスライドをコピーしたり、他のスライドの一部をコピーして貼り付けるなど既存データを活用して手早く資料を作成するコツを実習します。

キーワード
- □□必要な情報の洗い出し
- □□著作権
- □□インターネットを活用した情報収集
- □□スライドごとのコピーや移動
- □□スライド一覧表示モード
- □□形式を選択して図形式で貼り付ける

このレッスンのポイント

▶ 必要な情報を洗い出す
▶ 既存資料を活用する
▶ インターネットで検索する
▶ 他のプレゼンテーションからスライドごとコピーする
▶ 他のスライドの一部をコピーする

完成例（ファイル名：03_自己紹介完成.pptx）

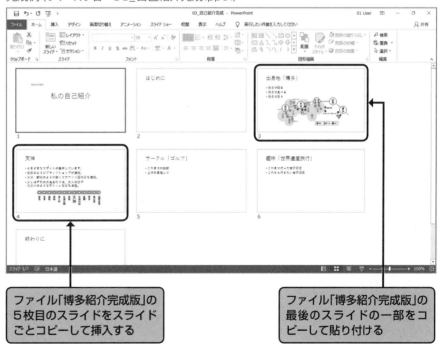

ファイル「博多紹介完成版」の5枚目のスライドをスライドごとコピーして挿入する

ファイル「博多紹介完成版」の最後のスライドの一部をコピーして貼り付ける

必要な情報を洗い出す

企画したストーリー構成で「メッセージを組み立てるために、どういう情報が必要」か考えてみましょう。プレゼンテーションは、「聞き手がいかに納得するか」が重要です。自分が伝えたいことをただアピールするだけでひとりよがりになっては効果がありません。聞き手に「なるほど」、「確かにそのとおりだな」と思ってもらうには、次のような情報が必要です。

■メッセージを裏付ける客観的で正確な情報
■メッセージを具体的にイメージさせる情報

この2点について、自分のプレゼンテーションに「必要な情報の洗い出し」をしましょう。

●メッセージを裏付ける客観的で正確な情報

メッセージを裏付ける情報が揃っていなかったり、あいまいでは、メッセージ自体を疑われます。できるだけ客観的で正確な情報を収集します。また、プレゼンテーション資料に記載するときは、出所を明記するとさらに納得性が高まります。

客観的で正確な情報

数値で表せる情報は、正確な数値を示すようにします。
情報の出所が信用できるところかどうかも重要なポイントです。
官公庁や信用できる調査機関が公式に発表している情報を使うなど留意しましょう。

【悪い例】
客観的で正確な情報に基づく根拠がない

【良い例】
正確で信憑性の高い情報による裏付け

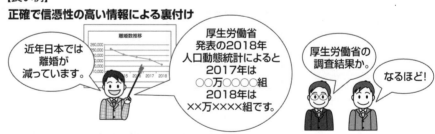

●メッセージを具体的にイメージさせる情報

事実を正確に伝えることに加えて、それを具体的にイメージさせる情報を示すことで納得性が高まります。たとえば、実物を見せることができるものなら、写真や動画を用意するとよいでしょう。

【悪い例】
一般的な文字情報だけでイメージが膨らみにくい

【良い例】
具体的にイメージしやすい画像情報でアピール

既存資料を活用する

プレゼンテーション資料を作成するために必要な情報が洗い出せたら、それを収集します。すでに手元に持っている資料、パンフレット、書籍、自分で撮影したデジタルカメラの写真など、媒体を問わず既存資料で使えるものがないか確認します。過去に同じようなプレゼンテーション資料を作成したことがある場合は、それを流用すれば手早く作成できます。

プレゼンテーション資料作成は、凝りだしたらキリがありません。よい資料をできるだけ短時間で作成するのがベストです。流用できるものは上手に活用しましょう。ただし、無断転載が禁じられているものは勝手に使用しないように注意してください。迷ったら、必ず著作権者（書籍なら著者や出版社、Webサイトなら管理者）に問い合わせましょう。

インターネットで検索する

必要な情報が手元にない場合は、「インターネットを活用して情報を集める」と早いでしょう。インターネットを活用する場合の注意点は次のとおりです。

■情報の信憑性に注意する。
■無断で転載しない。

●情報の信憑性に注意する

インターネットに関わらず、書籍など他の媒体でも同じことが言えますが、特にインターネットでは情報の信憑性に注意する必要があります。だれでも簡単に情報を発信することができる一方で、その情報が正しいかどうかは発信する個人に委ねられているからです。したがって、利用する私たちも、情報を自分の責任で吟味し、正しいかどうか判断するという姿勢が求められます。できるだけ信用できるWebサイト（官公庁や公的機関など）を活用したり、複数のWebサイトの情報を比較して判断するとよいでしょう。

運営者	個人	企業	官公庁 公的機関
	低い　　　　　　信憑性　　　　　　高い		
メリット	口コミや生情報など公式Webサイトでは得られない希少情報が入手できる。	企業規模などから信憑性を判断しやすい。個人サイトよりは信用できる。	信憑性が高い。出所として示したとき聞き手の納得性も高い。
デメリット	信憑性が低い。個人の主観が混在しているおそれがある。	自社に有利な情報に偏っているおそれがある。	口コミや生情報は得にくい。統計など一般的な情報が多い。

●無断で転載しない

「既存資料を活用する」でもふれましたが、インターネットで公開されている情報にも「著作権」があります。簡単に文章をコピーしたり、写真をダウンロードできますが、私的利用を除き、勝手に一部または全部を引用することはできません。プレゼンテーション資料に貼り付けて公の場で発表するなら、許可を得てから使用します。

情報の転載の許可

問合せ先が明記されていれば、①使用したい情報、②使用目的、③使用時期や期間などを明記して依頼しましょう。快く許可してくれる場合も少なくありません。ただし、キャラクターイラストのようにそれ自体が売り物の場合は難しいでしょう。

それでは、佐藤さんの例で考えてみましょう。

自己紹介のプレゼンテーション資料を作成するために必要な情報を洗い出すと、次のようになりました。

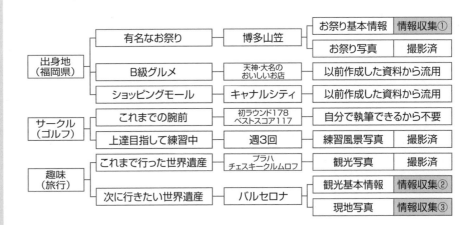

過去に作成した資料や、撮影した写真を使うことで解決できる部分がたくさんありますが、次の3点は情報収集が必要です。

①「博多山笠」を説明するための正確な基本情報
②「バルセロナ」の世界遺産を説明するための正確な基本情報
③「バルセロナ」の世界遺産を具体的にイメージしてもらうための現地写真

佐藤さんは、インターネットで信憑性が高い情報を探すために、官公庁や公的機関のWebサイトを中心に検索することにしました。「博多山笠」なら福岡市や博多区のWebサイトに、「バルセロナ」ならスペイン政府観光局やバルセロナ観光局のWebサイトにありそうです。
このようにして、基本情報はできるだけ信憑性の高いWebサイトを中心に集めるとよいでしょう。その他、口コミなどプラスアルファの情報は、広く検索して参考にします。

他のプレゼンテーションからスライドごとコピーする【操作】

PowerPointプレゼンテーション同士なら、簡単に「スライドごとのコピーや移動」ができます。過去に作成した資料で流用できる部分があれば活用しましょう。
スライドのコピーや移動操作をスムーズに行うには、プレゼンテーションの表示方法をスライド一覧にすると便利です。さらに、複数のPowerPointプレゼンテーションを表示して作業する場合は、ウィンドウ表示方法が2通りあります。2つのファイル間でコピーや移動を行う場合、［並べて表示］が適しています。

［並べて表示］：複数（2～3程度）のファイルを同時に見たいときに便利

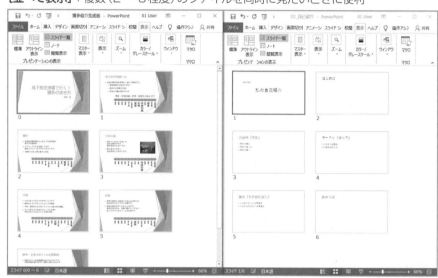

［重ねて表示］：多数のファイルを切り替えながら作業するときに便利

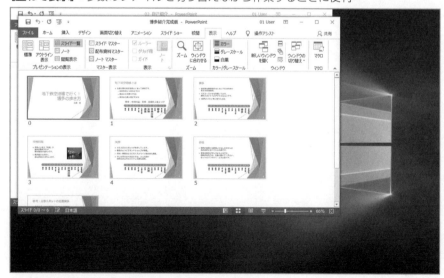

● PowerPointプレゼンテーションの一覧表示
1. ファイル「03_自己紹介」を開きます。
2. [表示]タブの [スライド一覧]ボタンをクリックします。「スライド一覧表示モード」になります。

スライド一覧表示モードにするその他の方法
画面右下に表示されている[スライド一覧]ボタンをクリックします。

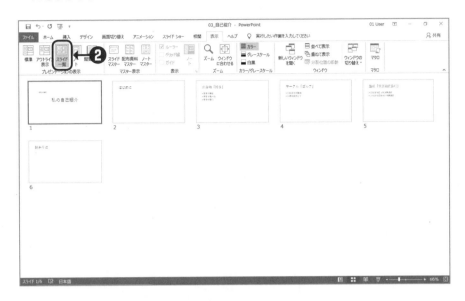

● 複数のPowerPointプレゼンテーションを並べて表示
1. ファイル「03_自己紹介」を開いたままで、ファイル「博多紹介完成版」を開きます。
2. ファイル「博多紹介完成版」も同様の操作でスライド一覧表示モードにします。
3. ファイル「博多紹介完成版」の[表示]タブの [並べて表示]ボタンをクリックします。2つのファイルが左右に並べて表示されます。

スライド一覧の表示倍率
スライド一覧表示にしたあと、その表示倍率を変更するには、[表示]タブの[ズーム]をクリックして、[ズーム]ダイアログボックスで任意の倍率を選択して[OK]をクリックします。右の図では「03_自己紹介」、「博多紹介完成版」の両方を[66%]にしています。

現在の操作対象ファイル
現在どちらのファイルに対して操作しているかを見分けるには、ウィンドウのタイトルバーの文字列(ファイル名)を見ます。文字列がはっきりと表示されているほうが操作対象です。操作対象でないファイルはタイトルバーの文字列が薄くなっています。

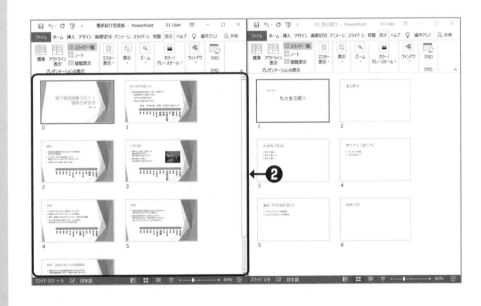

スライドの移動

スライドを移動する場合は、**Ctrl**キーを押さずにドラッグアンドドロップします。

●他のPowerPointプレゼンテーションからのスライドのコピー

1. ファイル「03_自己紹介」とファイル「博多紹介完成版」が並べて表示されている状態で、ファイル「博多紹介完成版」の5枚目（スライド番号は4）[天神]をクリックして選択し、**Ctrl**キーを押しながらドラッグします。
2. ファイル「03_自己紹介」の3枚目と4枚目の間までドラッグして、ガイド線が表示されていることを確認してマウスボタンを離します。
3. スライド[天神]がコピーされて、ファイル「03_自己紹介」の4枚目になったことを確認します。

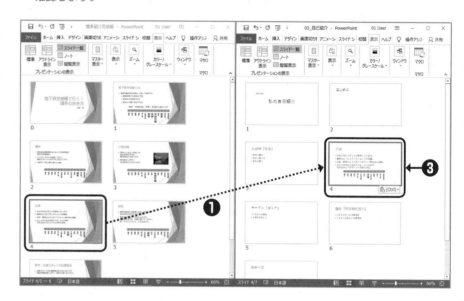

活用

スライドの一覧表示は、他のPowerPointプレゼンテーションからスライドをコピー、移動する場合に限らず、全体の流れを確認するのに便利な機能です。アウトライン機能のようにスライドや箇条書きのレベル変更はできませんが、各スライドのレイアウトやデザインの概要をサムネイル画像で確認しながら順序の入れ替えができます。

サムネイル画像の大きさは[表示]タブの[ズーム]ボタンをクリックして、[ズーム]ダイアログボックスで33～200%に倍率設定することで変更できます。

【倍率66%の例】　　　　　　　　　　　　【倍率100%の例】

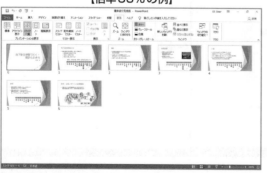 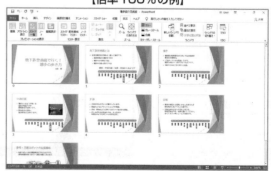

活用

他のPowerPointプレゼンテーションからスライドをコピーするとき、初期設定ではデザインは自動的にコピー先のテーマが適用されますが、コピー後に表示される[貼り付けのオプション]の▼をクリックすると、[元の書式を保持]、[貼り付け先のテーマを使用]のいずれかを選択できます。
以下は[元の書式を保持]にした例です。

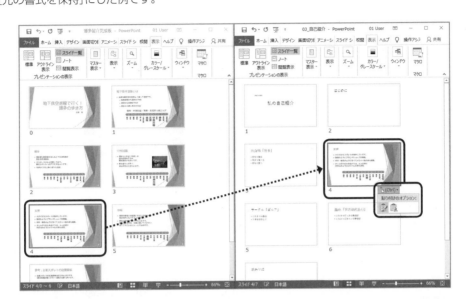

注意点は、貼り付け先のテーマを使うと、スライドのレイアウトが崩れる場合があることです。
たとえば、フォントサイズの設定が元のファイルより大きいためにスライド内に入りきらなくなったり、改行位置が変わって見栄えが悪くなるなどです。
[貼り付け先のテーマを使用]にする場合、レイアウトデザインを確認して、不具合があれば修正しましょう。

他のスライドの一部をコピーする【操作】

図形式にする場合の注意
図形式にすると、オブジェクト（図形やテキストボックス）として編集できなくなります。あとから編集する可能性がある場合は、元の図も保存しておきましょう。

同じPowerPointプレゼンテーション、または他のPowerPointプレゼンテーションのスライドの一部を、コピー元での大きさに関係なくコピー先のスペースに合わせて貼り付けたい場合は、「形式を選択して図形式で貼り付ける」と便利です。
通常の貼り付けでは、あとから大きさを変更したときに文字の大きさが変わらないためレイアウトが崩れますが、図形式なら拡大縮小に伴って図に含まれる文字の大きさもいっしょに変更できます。

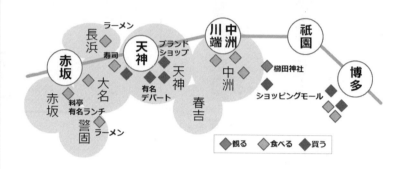

上記の図を1つにグループ化し、コピーして貼り付けたあと、縮小すると、文字がはみ出したりレイアウトが崩れてしまいます。

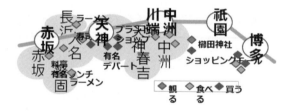

グループ化
グループ化せずに複数選択し、コピーして縮小すると、図形のレイアウトも崩れてバラバラになります。このような場合は、図形をグループ化します。グループ化とは、複数のオブジェクトを1つのものとして扱うことです。グループ化を設定するには、対象となるオブジェクトをドラッグ操作で複数選択して、右クリックします。ショートカットメニューの［グループ化］をポイントして、［グループ化］をクリックします。

このような場合は、図をコピーして図形式で貼り付けます。縮小すると、図形の縮小に伴って文字も小さくなってきれいに収まります。

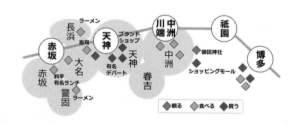

標準表示モードにする方法

標準表示モードにするには、[表示]タブの[標準]ボタンをクリックするか、画面右下に表示されている[標準]ボタンをクリックします。

その他の図のコピー方法

図を選択して、**Ctrl**＋**C**キーを押します。

●形式を選択して貼り付け（図形式）

1. ファイル「03_自己紹介」の3枚目のスライドを標準表示モードで表示します。
2. ファイル「博多紹介完成版」の最後のスライドを標準表示モードで表示します。
3. スライド[参考：主要スポットの位置関係]の下半分に書いてある図を、囲むようにドラッグしてすべて選択します。
4. ファイル「博多紹介完成版」の[ホーム]タブの [コピー]ボタンをクリックします。

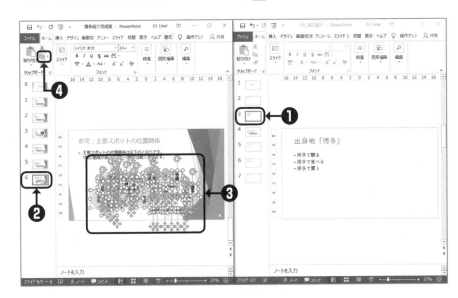

5. ファイル「03_自己紹介」のスライド[出身地「博多」]内をクリックします。
6. ファイル「03_自己紹介」の[ホーム]タブの [貼り付け]ボタンの▼をクリックして、[形式を選択して貼り付け]をクリックします。

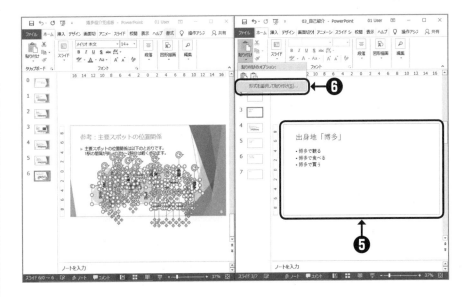

7. [形式を選択して貼り付け]ダイアログボックスの[貼り付ける形式]ボックスから[図（Windowsメタファイル）]をクリックします。

8. [OK]をクリックします。図がスライドに貼り付けられます。

9. 次を参考に図の大きさや位置を調整します。
- 四隅のハンドル（○）いずれかにマウスポインターを合わせて になったらドラッグして大きさを調整します。
- 図の外枠にマウスポインターを合わせて になったらドラッグして任意の位置まで移動します。

拡張するときのポイント
拡張するときは必ず四隅のハンドル（○）のいずれかをドラッグします。中間のハンドル（○）をドラッグすると、図の縦横比が崩れます。これは、図だけでなくイラストや写真など他のオブジェクトでも同様です。

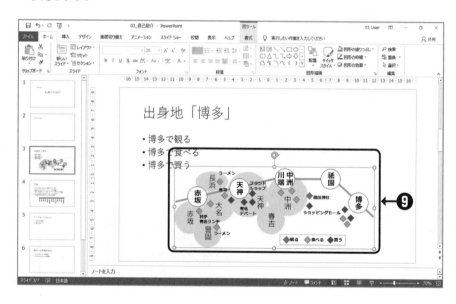

10. ファイル「博多紹介完成版」の ✕閉じるボタンをクリックして閉じます。

11. 「03_自己紹介」という名前で、[保存用]フォルダーに保存します。

練習問題

Lesson1～2の練習問題であなたが企画したプレゼンテーション資料を作成するために、どういう情報が必要かを洗い出してみましょう。
Lesson2で作成したツリー図に追記しましょう。

ツリー図に追記した情報をどのようにして入手するか検討しましょう。
既存資料や写真などのデータがあるかどうか確認しましょう。

インターネットで検索する必要があれば、検索して情報収集しましょう。
必要な情報が見つかったら、情報の出所（URLやWebサイト名、Webサイトのオーナーなど）も記録しておきましょう。

Lesson 4 センスアップするレイアウトデザイン

プレゼンテーション資料全体の印象を決めるのがスライドデザインです。統一感があるスライドデザインによってセンスアップしましょう。
このレッスンでは、スライド全体のデザインを決めるときのポイントや、すべてのページに共通して必要な表記（ロゴマーク、著作権表示など）を学びます。また、統一感を実現するために使用するフォントの種類や大きさを決めるポイントを学びます。
PowerPointの操作は、スライドデザインを簡単に統一するための便利な機能として、テーマ（PowerPointに用意されているデザインテンプレート）の設定方法、スライドマスターの編集、編集したテーマの保存方法を実習します。

キーワード
- □□スライド全体のデザイン
- □□テーマ
- □□スライドマスター
- □□フォントのレイアウトデザイン
- □□配色
- □□ユーザー定義のテーマ

このレッスンのポイント

▶ スライド全体のデザインを決める
▶ 全ページに必要な表記を決める
▶ フォントのレイアウトデザインを決める
▶ テーマを設定して全体デザインを決める
▶ スライドマスターでデザインを編集する
▶ テーマを保存する

完成例（ファイル名：04_自己紹介完成.pptx）

スライド全体のデザインを決める

「スライド全体のデザイン」は、大きく分けると表紙（1枚目）のデザインと本文（2ページ目以降）の2種類に分かれます。デザインを決めるときのポイントは次のとおりです。

■表紙と本文は統一感のあるデザインにする。
■表紙のデザインは、本文より派手なデザインでもよい。
■本文のデザインは、内容が読みやすいことを最優先する。

【悪い例】

 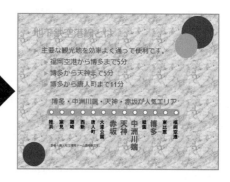

【良い例】

 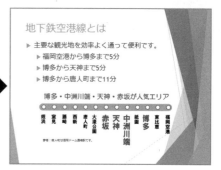

デザイン
デザインを考えるとき、あるいは、PowerPointに用意されているデザインから選択するとき、プレゼンテーションで伝えるメッセージとイメージが合うかどうかをよく考えましょう。

表紙と本文のスライドの色使いがまったく違っていたり、背景が違っていたり、バラバラなデザインではセンスよく見えないので統一しましょう。もちろん、まったく同じデザインにする必要はなく、通常は本文のデザインより表紙のデザインをやや派手にします。

本文のデザインを考えるときに最も重要なことは、内容が読みやすいかどうかです。デザインは、あくまでセンスアップするために設定するものですから、それが内容の読みやすさを妨げるようでは本末転倒です。
PowerPointでは、センスのよいデザインを簡単に設定できるように、サンプルが多数用意されています。このサンプルを「テーマ」といいます。テーマを使えば、前述のポイントを押さえたデザインが簡単に設定できます。

全ページに必要な表記を決める

プレゼンテーション資料の全ページに共通して必要な表記がある場合は、1枚ずつ書くよりもデザインの一部として設定したほうが効率的です。
PowerPointでは、スライドのデザインは「スライドマスター」という画面で管理されており、スライドマスターに必要な表記を書き込めば全ページに反映されます。
たとえば、全ページに共通して必要な表記には次のようなものがあります。

■所属する組織のロゴマーク（大学、企業など）
■所属する組織名（大学名、学部名、ゼミ名、企業名、部門名など）
■Copyright（著作権の所在）
■その他注意事項

所属する組織の一員として作成した資料は、正式な文書であることを示すためにもロゴマークや組織名を全ページに入れます。また、その資料の著作権はだれのものなのか（個人に帰属するのか、組織に帰属するのか）によって、Copyright（コピーライト）も明記するとよいでしょう。著作権とは著作物が創り出されると同時に発生するものであり、Copyright表記されていなくても勝手に流用できませんが、表記があるとさらに権利を明確に主張できます。「勝手に使用できません」という注意を呼び掛ける効果があります。

その他注意事項とは、「禁複写」、「重要」などさまざまなものが考えられます。全ページに書き込みたい情報があるか考えてみましょう。企業においては資料の管理に関する情報を全ページに書くところもあります。作成部門、作成責任者、作成日、情報のレベル（機密、社外秘、公開）、保存年限（いつまで保存するか）などを書くのが一般的です。

Copyrightの表記方法
Copyrightは公表した年と著作権者名を表記します。また、「©2019 XXX」や「(C) 2019 XXX」のように「Copyright」を省略して表記しても構いません。

【作成例】

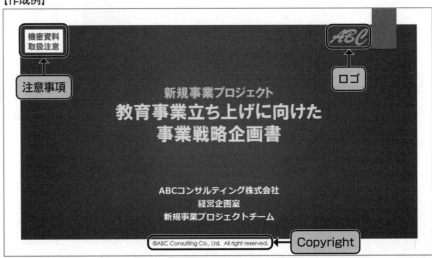

フォントのレイアウトデザインを決める

色使いやイラストのデザインを統一する他に、「フォントのレイアウトデザイン」も重要な要素です。たとえば、スライドによってページ番号の位置が違っていたり、スライドの本文で使用されているフォントの種類や大きさがバラバラだったら、受け手にとってわかりにくく印象がよくありません。入力する位置や使用するフォントの統一もスライドマスターで設定できるので、ルールを決めましょう。

1つのプレゼンテーション資料で使用するフォントの種類は、多くても3種類程度に絞ります。特に強調したい部分に使うフォントとそれ以外と、2種類を使い分けるのが一般的です。すべて同じフォントで統一してももちろん構いません。その場合はフォントの大きさなどでメリハリをつけます。

●フォントの種類

Windowsには多数のフォントが用意されています。PowerPointに限らず、Word、ExcelなどのMicrosoft Officeではそれらのフォントが使用できます。ソフトウェアのバージョンやインストール状況によって使用できるフォントは異なりますが、日本語に使用できるフォントはゴシック体、明朝体、その他に大別できます。

【ゴシック体の例】

MSゴシック	PowerPointは便利なソフトウェアです
MSPゴシック	PowerPointは便利なソフトウェアです
HGP創英角ゴシックUB	**PowerPointは便利なソフトウェアです**
HG丸ゴシックM-PRO	PowerPointは便利なソフトウェアです
HGPゴシックE	**PowerPointは便利なソフトウェアです**
游ゴシック	PowerPointは便利なソフトウエアです

【明朝体の例】

MS明朝	PowerPointは便利なソフトウェアです
MSP明朝	PowerPointは便利なソフトウェアです
HGP明朝B	**PowerPointは便利なソフトウェアです**
HGP明朝E	**PowerPointは便利なソフトウェアです**
游明朝	PowerPointは便利なソフトウエアです

【その他の例】

HGP行書体	*PowerPointは便利なソフトウェアです*
HG正楷書体-PRO	PowerPointは便利なソフトウェアです
HGP創英角ポップ体	**PowerPointは便利なソフトウェアです**
HGP教科書体	PowerPointは便利なソフトウェアです

一般的なフォント

標準でインストールされていて一般的によく使われるフォントは、MSゴシック、MSPゴシック、MS明朝、MSP明朝です。PowerPoint 2016以降では、游ゴシックも標準的に使用されるようになりました。ゴシック体は見出しやプレゼンテーション資料によく使われ、明朝体は文章や報告書などのレポートによく使われます。近年は、文章もゴシック体を使うケースが増えています。

プレゼンテーション資料に最も向いているのはゴシック体です。線の太さが一定で、プロジェクターで投影したときに遠くからでも見やすいからです。
次の例で確認してみましょう。

【悪い例】

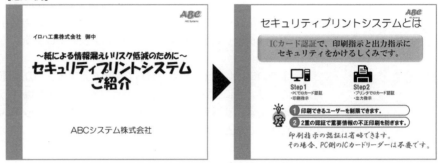

使用しているフォントがバラバラです。表紙のタイトル「セキュリティプリントシステムご紹介」で使用しているHGP創英角ポップ体はややくだけた印象を与えるので、プレゼンテーションの内容や相手によっては使用を控えたほうが無難です。

2枚目のスライドの「ICカード認証で……」のHGP明朝Eは手元の資料として読んでもらうフォントとしてはよいのですが、投影して見せるには線が細いので今一歩です。
「印刷指示の認証は省略できます。……」のHGP行書体は、特殊な印象（和風、伝統的）を与えるので、説明内容に合っていないと逆効果です。

【良い例】

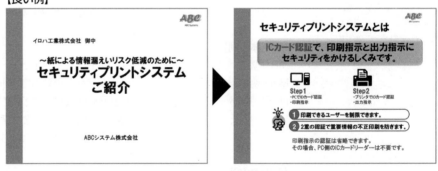

表紙やスライドのタイトルや強調したい部分はHGP創英角ゴシックUBで目立つようにしています。それ以外は、HGPゴシックEですっきりまとめています。

いかがでしょうか？
意味なく変わったフォントを使うと散漫な印象になるので、フォント選びも統一感とメリハリに注意するとよいでしょう。

ポップ体

ポップ体は、セールのちらしや飲み会のお知らせなど、楽しい印象を与えたいくだけた内容の文書に最適な書体です。

テーマを設定して全体デザインを決める【操作】

PowerPointには、スライドのデザインサンプルが多数用意されています。これを「テーマ」といいます。テーマを適用するだけで、背景のデザイン、スライドに書く要素（スライドタイトル、ページ番号、日付、ヘッダー、フッターなど）のレイアウトやフォントの種類、大きさといった全体のデザインを簡単に設定できます。また、適用したテーマのデザインで気に入らない部分があれば、あとから自由に編集できます。

●PowerPointに用意されているテーマと配色

PowerPointには下の図のように豊富なテーマが用意されています。さらに、各々のテーマに対して右の図のように多数の「配色」のパターンが適用できます。したがって、テーマと配色のかけ合わせで非常に多くのデザインパターンが用意されていることになります。プレゼンテーションの内容に合ったデザインと配色を考えて選びましょう。

テーマについて

本書発行後の機能やサービスの変更、ユーザーのパソコンの環境の違いなどにより、テーマが誌面のとおりに適用できないことがあります。その場合は誌面で指示されているもの以外を利用してください。

45

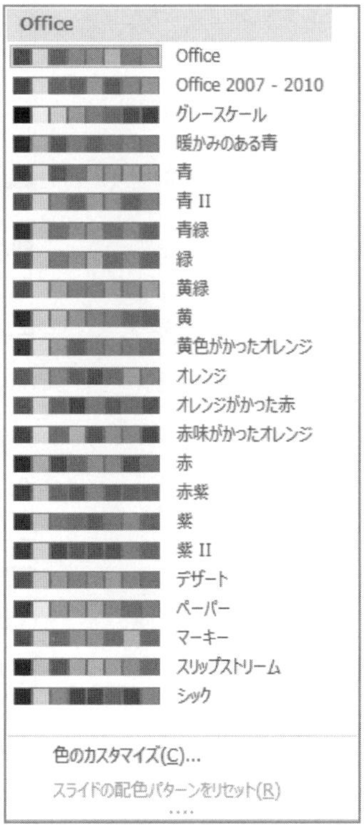

マウスでのテーマのポイント

「ポイントする」とはマウスポインターを目的のボタンなどに合わせるという操作方法です。テーマをポイントすると、テーマ名を確認できます。

プレビュー機能

デザインなどを適用する前に、イメージを一時的に表示できる機能です。プレビューをキャンセルしたいときには、ポイントしたマウスポインターを移動するだけで済むため、作業の手間が大幅に削減できます。

●テーマの適用

1. ファイル「04_自己紹介」を開きます。
2. [デザイン]タブの[テーマ]の [その他]ボタンをクリックします。
3. 複数のテーマが表示されるのを確認し、[ウィスプ]をポイントします。[ウィスプ]が適用されたスライドがプレビュー表示されたのを確認します。
4. [ウィスプ]をクリックします。テーマが適用されます。

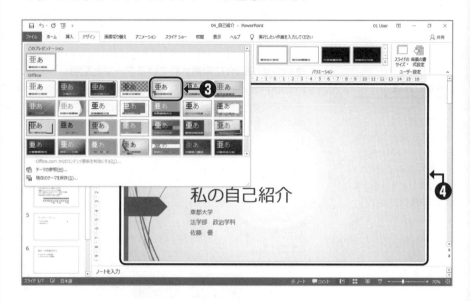

●バリエーションの変更

1. [デザイン]タブの[バリエーション]の左から3番目をクリックします。
2. [デザイン]タブの[バリエーション]の [その他]ボタンをクリックして[配色]をポイントします。
3. 表示された配色の[黄]をポイントし、適用されたスライドがプレビュー表示されたのを確認します。
4. [黄]をクリックします。配色が変更されます。

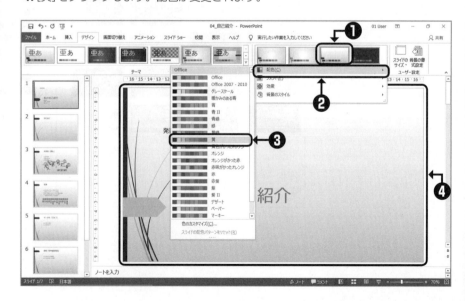

●フォントの変更
1. [デザイン]タブの[バリエーション]の ▼ [その他]ボタンをクリックして[フォント]をポイントします。
2. 表示されたフォントにある[Franklin Gothic HG創英角ゴシックUB　HGゴシックE]をポイントし、適用されたスライドがプレビュー表示されたのを確認します。
3. [Franklin Gothic HG創英角ゴシックUB　HGゴシックE]をクリックします。フォントが変更されます。

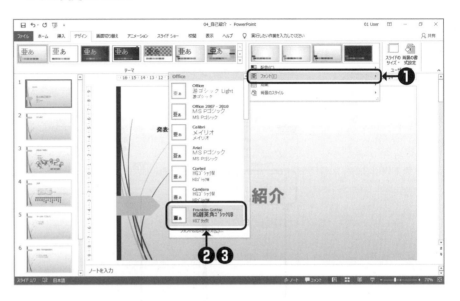

活用

PowerPoint 2013以降は、PowerPointを起動してプレゼンテーションを新規作成するときに、従来のように白紙のスライドが表示されるのではなく、スタート画面が表示されて最初にテーマを選択できるようになりました。これにより、初めから全体のデザインをイメージしながら、視覚に訴える資料を手早く作成できます。テーマの設定は、前述のようにあとから[デザイン]タブの[テーマ]や[バリエーション]を使って変更できます。なお、テーマを設定せずに白紙のスライドを作成したい場合は、スタート画面で[新しいプレゼンテーション]をクリックします。

スライドマスターでデザインを編集する【操作】

テーマを適用するとスライド全体のデザインが設定されますが、スライドマスターであとから自由に編集できます。また、ロゴやCopyright、その他注意事項などすべてのスライドに表記したい要素がある場合も、スライドマスターを編集して書き加えます。

●スライドマスターとは

「スライドマスター」とは、すべてのスライドの要素を一括して管理しているスライドです。具体的には、プレースホルダーのサイズ、位置、書式や、プレースホルダー内の文字列のスタイル、プレースホルダー内の箇条書きと段落番号のスタイル、背景や配色、効果などの情報です。

マスターの種類

スライドマスターの他、配布資料のレイアウトデザインを管理する「配布資料マスター」、ノートのレイアウトデザインを管理する「ノートマスター」があります。

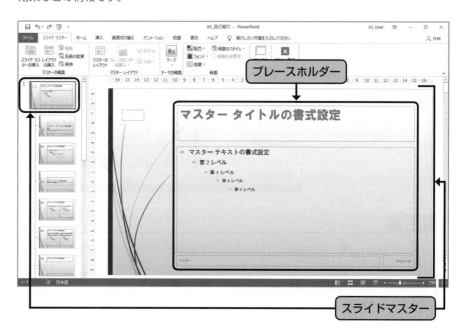

活用

スライドマスターを表示すると、その下の階層として各レイアウトのデザインを管理するスライドレイアウトが表示されます。各レイアウトは、表紙のデザインを管理する「タイトルスライド」から始まり、「タイトルとコンテンツ」、「セクション見出し」、「2つのコンテンツ」、「比較」、「タイトルのみ」、「白紙」、「タイトル付きのコンテンツ」、「タイトル付きの図」、「タイトルとキャプション」、「引用（キャプション付き）」、「名札」、「引用付きの名札」、「真または偽」、「タイトルと縦書きテキスト」、「縦書きタイトルと縦書きテキスト」の順に表示されます。

スライドマスターのデザインを変更すると、各スライドレイアウトのデザインも連動して変更されますが、各スライドレイアウトを個別に変更することも可能です。多くの場合、「タイトルスライド」は表紙らしく別のデザインにします（テーマの設定によってある程度は表紙らしいデザインになっているので、必要があれば編集を加えます）。

●スライドマスターのフォントサイズ変更

1. [表示]タブの[スライドマスター]ボタンをクリックします。

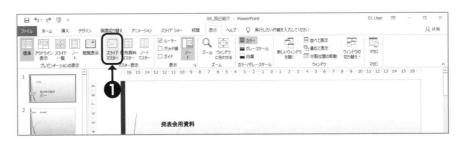

2. [タイトルスライド]のレイアウトが選択された状態でスライドマスターが表示されるので、一番上の[スライドマスター]をクリックします。
3. [マスタータイトルの書式設定]のプレースホルダーを選択し、[ホーム]タブの[フォントサイズ]ボックスの▼をクリックして[40]をクリックします。

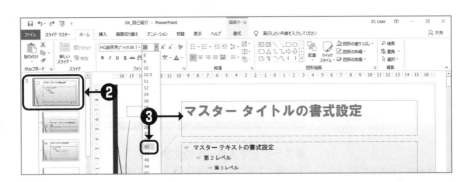

4. スライドマスターのフォントサイズが変更され、それに従ってタイトルスライドとセクション見出し以外のすべてのスライドレイアウトのフォントサイズも変更されたのを確認します。
5. [タイトルスライド]レイアウトをクリックして表示して、3.と同様の操作で[マスタータイトルの書式設定]のプレースフォルダーのフォントサイズを[48]にします。同様に、[セクション見出し]レイアウトの[マスタータイトルの書式設定]のプレースフォルダーのフォントサイズも[48]にします。

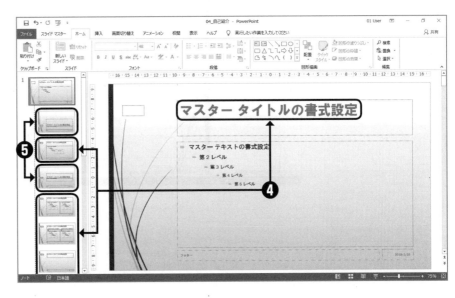

スライドマスターのフォント変更

ここではフォントサイズを変更していますが、フォントの種類も変更できます。[ホーム]タブの[フォント]ボックスの▼をクリックして任意のフォントをクリックします。

その他の要素の書式設定

フォント変更など書式設定を編集できるのは、タイトルやテキスト以外の要素も同様です。たとえば、右の図の日付、フッター、ページ番号（<#>マークが表示されている部分）の書式を変更するには、そのプレースホルダーを選択して編集します。

●スライドマスターへのロゴ挿入

1. 一番上の[スライドマスター]をクリックします。
2. [挿入]タブの [画像]ボタンをクリックして、[図の挿入]ダイアログボックスでファイル「ロゴ」を選択し、[挿入]をクリックします。
3. スライドマスターの中央にロゴが挿入されるので、右上までドラッグして移動します。

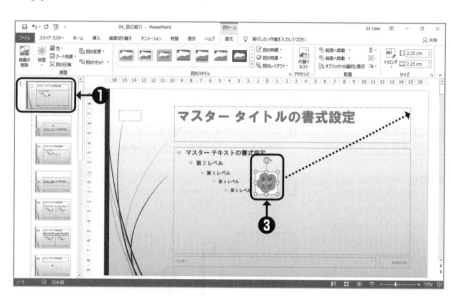

●スライドマスターへの文字入力

1. [挿入]タブの [テキストボックス]ボタンをクリックします。マウスポインターが↓になるので、プレースホルダー以外の任意の位置でクリックして、「情報利活用講座発表会」と入力します。

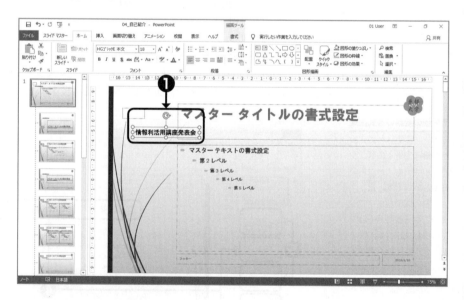

縦書きテキストボックス
文字を縦書きで入力したい場合は、[挿入]タブの [テキストボックス]ボタンの▼をクリックして、[縦書きテキストボックス]をクリックします。

フォントサイズ

右の図のように補足的情報を全ページに表示する場合、あまり大きな文字で入れると目立ちすぎてしまいます。10ポイント以下の小さい文字で入れたほうが品よく見えます。

2. 入力したテキストボックスの外枠をクリックして選択し、[ホーム]タブの[フォントサイズ]ボックスの▼をクリックして[10]をクリックします。
3. テキストボックスの外枠にマウスポインターを合わせて になったらドラッグして右下に移動します。

●スライドマスターのレイアウト修正

1. [マスタータイトルの書式設定]のプレースホルダーの下中央のハンドル（○）をポイントして上方向にドラッグし、サイズを縮小します。タイトルの位置が上へあがります。
2. [マスターテキストの書式設定]のプレースホルダーの上中央のハンドル（○）をポイントして上方向にドラッグし、タイトルとの間隔が適正になるまでサイズを拡大します。

フッターの挿入

ここではスライドマスターにテキストボックスを挿入して全スライドに同じ文字を表示しましたが、同じことがヘッダーとフッターの挿入でもできます。詳しくは、Lesson1のスライド番号の追加の項と同じ操作なので参照してください。なお、ヘッダーとフッターで設定すると、表示/非表示が簡単に切り換えられて便利ですが、一か所しか設定できません。テキストボックスの場合は何か所でも挿入できます。

3. 「タイトルとコンテンツ」レイアウトをクリックして表示して、1.～2.と同様の操作で[マスタータイトルの書式設定]のプレースホルダーと[マスターテキストの書式設定]のプレースホルダーのレイアウトを調整します。
4. [スライドマスター]タブの [マスター表示を閉じる]ボタンをクリックします。

5. 「04_自己紹介」という名前で、[保存用]フォルダーに保存します。

テーマを保存する【操作】

スライドマスターに編集を加えて作成したデザインは、テーマとして保存できます。今後、他の資料にも適用したい場合は保存しておくと便利です。保存したテーマは、[デザイン]タブのテーマの一覧に「ユーザー定義のテーマ」として表示されて何度でも使用できます。

●テーマの保存

1. [デザイン]タブの[テーマ]の▼[その他]ボタンをクリックして、[現在のテーマを保存]をクリックします。

ユーザー定義のテーマの名前
あとから使用するときに見分けやすいように、どういうときに使用するために作成したテーマか、わかりやすい名前を付けておきましょう。

2. [現在のテーマを保存]ダイアログボックスでテーマを保存するフォルダー（Document Themes）が自動的に開くので、そのままの状態で[ファイル名]ボックスに「発表会用」と入力して[保存]をクリックします。
3. [デザイン]タブの[テーマ]の▼[その他]ボタンをクリックして、[ユーザー定義]に作成したテーマが追加されたのを確認します。

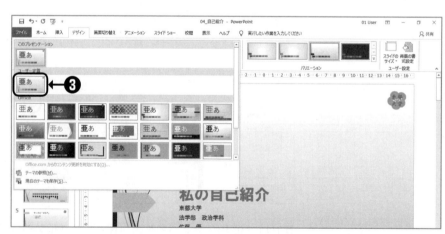

活用

スライドマスターで設定したデザインを保存する方法は、ここで実習したテーマの他にテンプレートとして保存する方法があります。テーマとテンプレートの大きな違いは、テーマはデザインのみ保存して、テンプレートはスライドやそこに書かれている文字、図形なども含めて保存する点です。
たとえば、次のようなスライド4枚からなるファイルを、テーマとして保存した「月報用テーマ」と、テンプレートとして保存した「月報用テンプレート」があるとします。

それを新しいプレゼンテーションに適用すると次のようになります。

【月報用テーマを適用した場合】　　　　　　【月報用テンプレートを適用した場合】

テーマを適用するとデザインだけが設定されています。テンプレートを適用するとスライドが4枚になって「●月度　月報告書」という文字もすべて入力されています。
したがって、デザインだけを活用したい場合はテーマで保存してもよいですが、月度報告書のように毎回同じ構成で資料を作成する場合は、スライドの構成や内容も含めて保存できるテンプレートが便利です。
テンプレートとして保存するには、[ファイル]タブの[名前を付けて保存]をクリックして、[名前を付けて保存]ダイアログボックスの[ファイルの種類]ボックスで[PowerPointテンプレート]をクリックし、[保存]をクリックします。保存したテンプレートを使ってファイルを新規作成するにはPowerPointを起動して、スタート画面の[他のプレゼンテーションを開く]をクリックします。[開く]画面の[このPC]をクリックし、[Officeのカスタムテンプレート]を開いて、保存したテンプレートのリストから任意のテンプレートをクリックします。

練習問題

Lesson1～3の練習問題で企画、作成したファイル「練習_あなたの氏名」のプレゼンテーション資料に対して、次のような編集を行いましょう。

任意のテーマを適用しましょう。

ヒント：プレゼンテーションの内容に合った印象のデザインを選択しましょう。
　　　　テーマをクリックして選択する前に、ポイントしてプレビューを見ながら確認します。

設定したテーマの配色を任意に変更しましょう。

ヒント：プレゼンテーションの内容に合った印象の配色を選択しましょう。
　　　　配色をクリックして選択する前に、ポイントしてプレビューを見ながら確認します。

スライドマスターを表示して、スライドマスターやタイトルスライドのフォントの種類やフォントサイズを任意に変更しましょう。

ヒント：プロジェクターに投影して発表することをイメージして、フォントの種類は原則としてゴシック体から選択しましょう。その他の特殊なフォントを使う場合は、そのフォントを使用する理由を説明してください。妥当性がある理由がない限り、特殊なフォントは使用しません。

スライドマスターに、必要な表記を追加しましょう。

1 テキストボックスを挿入して、あなたの著作権表示を記入しましょう。
　　©氏名　All rights reserved.
2 フォントサイズを8～10ポイント程度に変更しましょう。
3 テキストボックスをスライドの下中央に移動しましょう。
4 他にも注意事項などをすべてのスライドに記入したい場合は追加しましょう。
5 スライドマスターを閉じましょう。
6 ファイル「練習_あなたの氏名」を上書き保存しましょう。

ヒント：©は「ちょさくけん」と入力して変換すると入力できます。
　　　　ただし、©は使用するパソコンやソフトウェアによっては表示されなかったり印刷できないことがあるので注意してください。
　　　　著作権表示は、小さいフォントで十分です。読めるかどうかより記載されていること自体に意味があります。また、テキストボックスを使わずヘッダーとフッターで設定してもよいです。その場合は、[挿入]タブの[ヘッダーとフッター]ボタンを使って記入しましょう。

Lesson 5 視覚に訴えるチャート化

目に見えないもの（概念、考え方、手順など）を説明するとき、文章で説明するより伝えたい事柄を図で表現して解説したほうが格段にわかりやすくなります。図解したものを「チャート」、図解することを「チャート化」といいます。

このレッスンでは、チャート化のステップと、標準的なチャートのパターンを学びます。PowerPointの操作は、チャートを自由に書くための図形（四角形、楕円、三角形、直線、矢印など）の操作や、手早く書くためのSmartArtグラフィック（PowerPointに付属しているチャート作成機能）の操作を実習します。

キーワード
- □□チャート化するステップ
- □□キーワードの構造
- □□図形
- □□SmartArtグラフィック
- □□チャートの標準的なパターン
- □□SmartArtグラフィックのチャート

このレッスンのポイント

▶ チャート化のステップ
▶ 伝えたいことに合ったチャートの形を選択する
▶ 図形の組み合わせで図解する
▶ SmartArtグラフィックで図解する

完成例（ファイル名：図形練習完成.pptx）

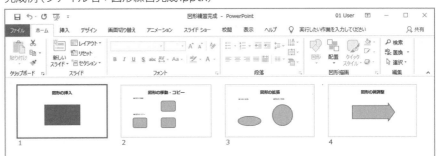

完成例（ファイル名：05_自己紹介完成.pptx）

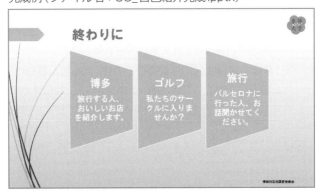

チャート化のステップ

頭の中にある情報を整理して「チャート化するステップ」は、次のように考えます。

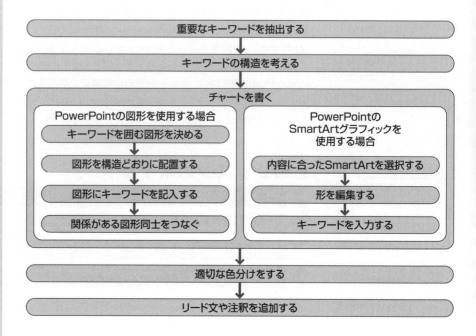

これまで見てきた佐藤さんの自己紹介のプレゼンテーションで、サークル活動に関する次の情報を読んで、その内容をステップに沿ってチャート化してみましょう。

【例題】

> 私はゴルフサークルに所属しています。
> このサークルに入って1年強になります。大学に入ってゴルフを始めたので、約1年前に行ったサークルコンペが初ラウンドでした。そのときのスコアは178とひどいもので、今でも私のワーストスコアです。
> その後、週2回のサークル練習と月1回のサークルコンペで少しずつ上達し、先月は120を切ってベストスコア117でした。まだまだ下手ですが、1年前の腕前を考えると自分なりには大変な進歩です。
> 1年後の目標は100を切ることです。だんだんおもしろくなってきたので、今月から練習量を増やして週3回、ラウンドは月2回にするつもりです。

●重要なキーワードを抽出する

伝えたいことについて、前述の例題から重要なキーワードをざっと書き出してみます。

・ゴルフサークル所属
・1年前に初ラウンド　ワーストスコア178
・これまではサークル練習週2回、サークルコンペ月1回
・先月ベストスコア117
・1年後の目標　100を切ること
・今月から自主練習と自主ラウンドを追加
・これからは練習週3回、ラウンド月2回

●キーワードの構造を考える

「キーワードの構造」とは、書き出したキーワード同士がどういう関係なのかということです。次のように考えます。

■分類できるか？
■順番（ステップ）があるか？
■上下関係があるか？
■対比関係があるか？

この考え方で例題のキーワードを整理すると、次のように分類できます。

【全体】　　サークル「ゴルフ」
【スコア】　1年前　　　　ワーストスコア178（初ラウンド）
　　　　　　現在　　　　ベストスコア117（先月）
　　　　　　1年後　　　　目標スコア100を切る
【練習量】　これまで　　練習週2回、ラウンド月1回
　　　　　　これから　　練習週3回、ラウンド月2回

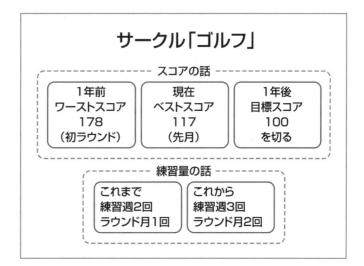

ゴルフサークルに所属しているということに関して、大きく分けてスコアと練習量に分類できます。スコアは、1年前、現在、1年後（目標）があります。練習量は「これまで」と「これから」に分かれます。

順番、上下関係、対比関係があるかについては、次のように考えられます。

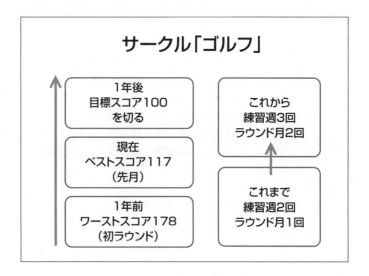

スコアは、1年前→現在→1年後と時系列に沿って順番があります。練習量もこれまで→これからという流れです（配置は実際にチャートを書くときに考えるので、図は構造のイメージです）。

●チャートを書く、適切な色分けをする、リード文を書く
キーワードの構造が整理できたら、それをPowerPointを使って表現します。PowerPointでチャートを書く方法は2通りあります。

1つは、さまざまな「図形」を組み合わせて自分で書く方法です。
まず、キーワードを囲む図形を決めて描き、構造どおりに配置し、文字を入力します。この例では、左下から右上へ順番に配置していますが、下から上、左から右でも構いません。成長を感じさせる配置を工夫します。
もう1つはPowerPointでチャートを簡単に描く機能である「SmartArtグラフィック」を使う方法です。なお、次の例は図形を使って描くことを想定しています。

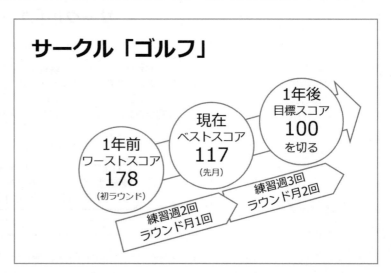

チャートが描けたら、適切な色分けをしたり、チャートのメッセージをリード文として書き込みます。注釈がある場合は、じゃまにならない位置（下端など）に記入します。

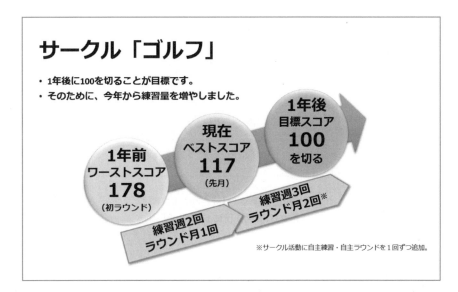

伝えたいことに合ったチャートの形を選択する

キーワードの構造が整理できても、具体的にどういうチャートにしたらよいか迷う人も多いでしょう。チャート化のスキルを磨く第一歩は、「チャートの標準的なパターン」を知ることです。それによって、表現したいキーワードの構造に合わせて、どのパターンが適切なのか判断できるようになります。
ここでは標準的なパターンを紹介します。参考として、各々のパターンはSmartArtグラフィックのどの分類に用意されているかも記載しています。

【並列のチャート】　SmartArtグラフィック→[リスト]
並列して独立している事柄を説明します。

箇条書き
通常、箇条書きは並列のチャートになります。文字だけで箇条書きを書いてもよいのですが、少し見栄えを派手にしたい場合は、枠で囲って並列のチャートにするとよいでしょう。

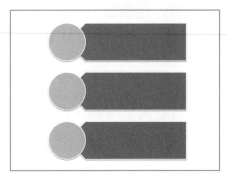
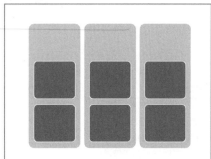

【交差のチャート】　SmartArt グラフィック→［集合関係］
重なり合う部分がある事柄を説明します。

 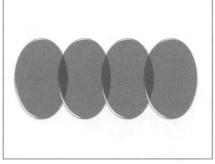

【対比のチャート】　SmartArt グラフィック→［手順］
複数の事柄を比較して説明します。

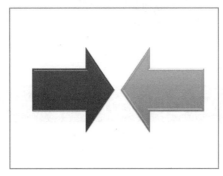 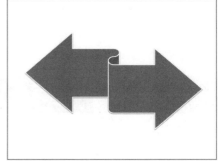

【推移のチャート】　SmartArt グラフィック→［手順］
順番がある事柄について、流れに沿って説明します。

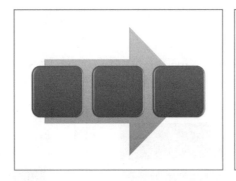 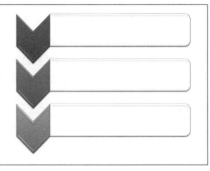

推移と成長

推移と成長は、段階を追って変化するという意味ではメッセージの構造が似ていますが、成長のほうが段階的に上がっていくイメージなので、左下から右上へ、下から上へ、といった配置になります。

【成長のチャート】　SmartArt グラフィック→［手順］、［集合関係］
ステップを追うごとに成長、発展する事柄を説明します。

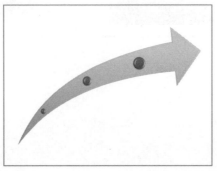 

【収束のチャート】　SmartArtグラフィック→[集合関係]
複数の事柄がまとまっていく様子を説明します。

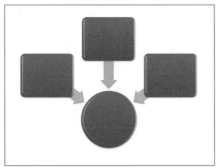 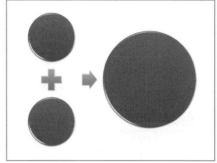

【拡散のチャート】　SmartArtグラフィック→[集合関係]
1つの事柄から複数の事柄へ分解、発展していく様子を説明します。

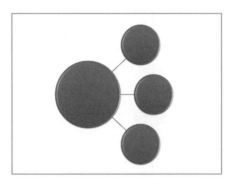 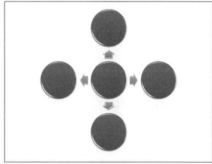

【循環のチャート】　SmartArtグラフィック→[循環]
同じ順序で複数の事柄が繰り返される様子を説明します。

循環の配置
原則は時計回りに配置します。逆回りに配置すると、負の連鎖（よくない循環、だんだん悪くなっていくこと）を表すことになります。

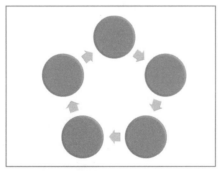 

【階層のチャート】　SmartArtグラフィック→[階層構造]、[ピラミッド]
親子関係、階層構造がある事柄を説明します。

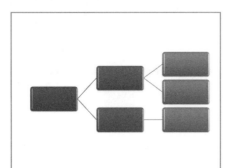 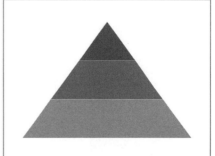

図形の組み合わせで図解する【操作】

PowerPointには、四角形、円、三角形、矢印などさまざまな種類の図形が用意されています。これらをスライドに挿入し、移動、コピー、拡張、回転、反転などの編集を加えながらチャートを作成します。

●図形の挿入

1. ファイル「図形練習」の1枚目[図形の挿入]を表示します。
2. [挿入]タブの[図形]ボタンの▼をクリックし、任意の図形をクリックします。ここでは[四角形]の□[正方形/長方形]をクリックします。

[図形]ボタン
[ホーム]タブの[図形描画]グループにある図形のボタンでも同様の操作を行うことができます。

3. マウスポインターが+になるので、スライド内でドラッグして図形を描きます。

正方形の作成
Shiftキーを押しながらドラッグします。

図形の調整
図形を描いた直後は、右の図のように選択された状態になっています。四隅と各辺の中間にハンドル(○)、上中央に回転ハンドル(○)が表示され、これらのハンドルをドラッグすることで、図形のサイズ変更や回転させることができます。

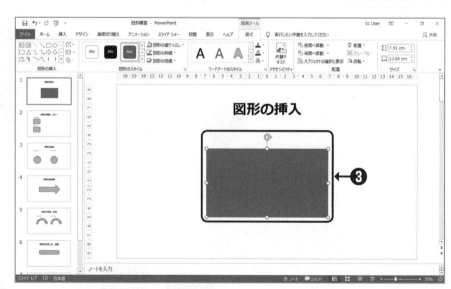

位置を揃えたコピー方法

Shiftキーと**Ctrl**キーを同時に押しながらドラッグすると、垂直方向または水平方向にコピーできます。位置を揃えてコピーしたいときに便利です。

●図形の移動、コピー

1. 2枚目[図形の移動・コピー]を表示します。
2. 上の角丸四角形を任意の位置までドラッグします。
　　角丸四角形が移動されます。
3. 下の角丸四角形を**Ctrl**キーを押しながら任意の位置までドラッグします。
　　角丸四角形がコピーされます。

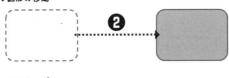

●図形の拡張

1. 3枚目[図形の拡張]を表示します。
2. 左側の円をクリックして選択し、右上隅のハンドル(○)にマウスポインターを合わせて になったらドラッグします。
　　円が自由に拡張されて楕円になります。
3. 右側の円をクリックして選択し、右上隅のハンドル(○)にマウスポインターを合わせて になったら**Shift**キーを押しながらドラッグします。円が縦横比を保ったまま相似形で拡張されます。

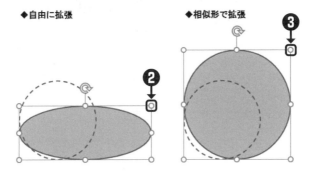

●図形の微調整

1. 4枚目[図形の微調整]を表示します。
2. 矢印をクリックして選択し、黄色いハンドル(○)にマウスポインターを合わせて になったらドラッグします。矢印の太さや先端の形が微調整されます。

黄色いハンドル

黄色いハンドルが表示されている部分は微調整できます。このハンドルは図形によって表示される数が違います(右の図の矢印の場合は2か所あります)。

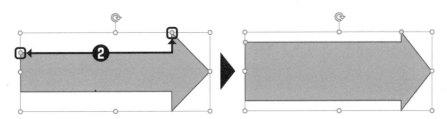

[回転]メニュー

[上下反転]の他、[左右反転]、[右へ90度回転]、[左へ90度回転]があり、ポイントするとプレビュー機能によって結果が確認できます。また、[その他の回転オプション]をクリックすると、[図形の書式設定]作業ウィンドウで詳細な設定を行うことができます。

●図形の回転、反転

1. 5枚目[図形の回転・反転]を表示します。
2. 左側の循環矢印をクリックして選択し、回転ハンドル( )にマウスポインターを合わせて になったらドラッグします。矢印が360度自由に回転します。
3. 右側の循環矢印をクリックして選択し、[ホーム]タブの [配置]ボタンの▼をクリックして[回転]をポイントし、[上下反転]をクリックします。

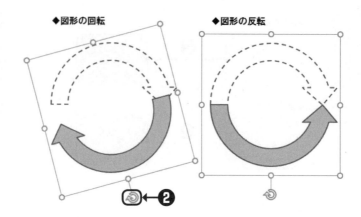

●図形の文字入力、編集

1. 6枚目[図形の文字入力・編集]を表示します。
2. 角丸四角形をクリックして選択し、「図形の組み合わせで図解する」と入力します。図形の中に文字が入力されます。

3. 角丸四角形をクリックして選択し、[ホーム]タブの [フォントの色]ボタンの▼をクリックして、任意の色をクリックします。ここでは[テーマの色]の[黒、テキスト1]をクリックします。
4. 文字に指定した色が適用されます。

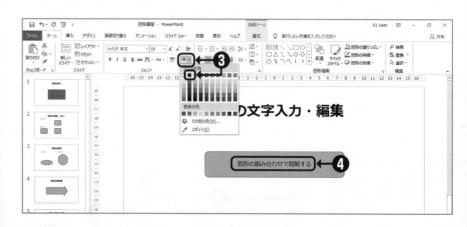

5. 角丸四角形を選択したままで、[ホーム]タブの [フォントサイズ]ボックスの▼をクリックして、任意のサイズをクリックします。ここでは[32]をクリックします。文字にフォントサイズが適用されます。

●図形の上下関係の変更（重なりの順序）

1. 7枚目[図形の上下関係]を表示します。

2. 楕円の上にマウスポインターを合わせ、右クリックしてショートカットメニューの[最背面へ移動]の▶をポイントし、[背面へ移動]をクリックします。楕円が上から2番目に移動します。

図形の上下関係を変更するメニュー

[最前面へ移動]の[最前面へ移動]（一番前へ）、[前面へ移動]（1つ前へ）、[最背面へ移動]の[最背面へ移動]（一番後ろへ）、[背面へ移動]（1つ後ろへ）の4種類があります。

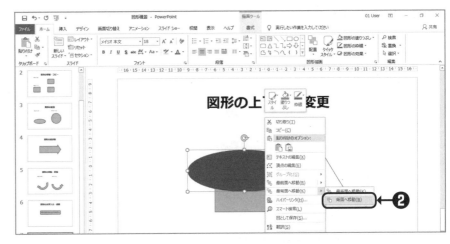

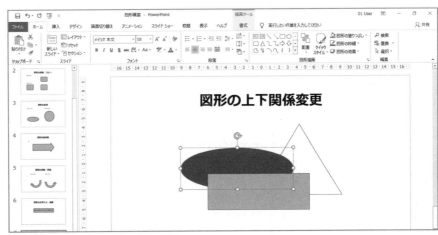

3. 同様の操作で、三角形の上で右クリックして[最前面へ移動]の▶をポイントし、[最前面へ移動]をクリックして、三角形を最前面へ移動します。

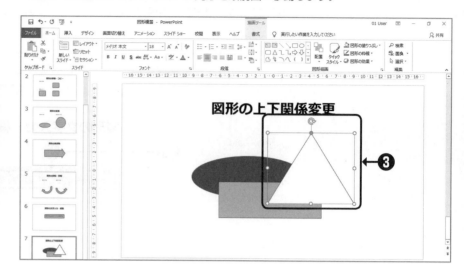

4.「図形練習」という名前で、[保存用]フォルダーに保存します。

活用

テキストボックスに文字を入力した場合、次の設定を組み合わせて使います。
テキストボックスの上で右クリックして[図形の書式設定]をクリックし、[図形の書式設定]作業ウィンドウの[文字のオプション]をクリックし、[テキストボックス]をクリックすると設定できます。

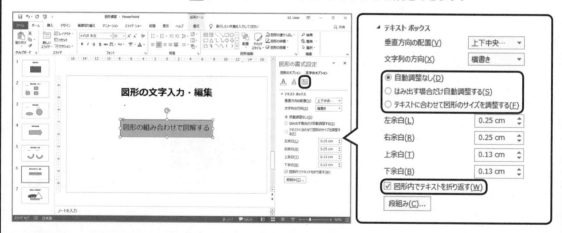

[自動調整]のオプション

[自動調整なし]：図形の大きさに対して文字数が多いためはみ出す場合、図形の大きさやフォントサイズの自動調整を行いません。
[はみ出す場合だけ自動調整する]：図形の大きさに対して文字数が多いためはみ出す場合、フォントサイズを自動調整します。
[テキストに合わせて図形のサイズを調整する]：文字数に合わせて図形の大きさを自動調整します。

[図形内でテキストを折り返す]チェックボックス

オンにすると、図形の幅に合わせて文字列を自動改行します。
[自動調整]の[はみ出す場合だけ自動調整する]とセットで設定すると、図形の幅に合わせて自動改行し、行数がはみ出したらフォントサイズを自動調整（小さく）して図形内に収めます。
[自動調整]の[テキストに合わせて図形のサイズを調整する]とセットで設定すると、図形の幅に合わせて自動改行し、行数がはみ出したら図形の高さを自動調整（広く）して図形内に収めます。

> 活用

図形を編集する機能として、図形の結合があります。複数の図形を選択して、[描画ツール]の[書式]タブの
◎▼[図形の結合]ボタンをクリックして表示されるメニューに[接合]、[型抜き/合成]、[切り出し]、[重なり抽出]、[単純型抜き]の5つの機能が用意されています。

[接合] 複数の図形を結合して、1つの図形に合成します。

接合前：円と四角形　　　　　接合後：1つの図形

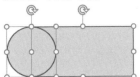 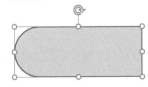

[型抜き/合成] 複数の図形の重なり部分を型抜きし、全体を1つの図形に合成します。

型抜き/合成前：2つの円　　　型抜き/合成後：1つの図形

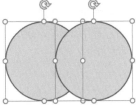 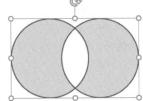

[切り出し] 複数の図形の重なり部分を切り出して複数の図形に分割します。

切り出し前：2つの円　　　　切り出し後：3つの図形

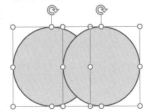 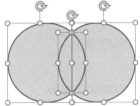

[重なり抽出] 複数の図形の重なり部分を抽出します。

重なり抽出前：四角形と爆発　重なり抽出前：爆発の一部分

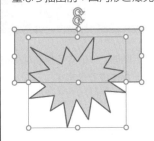 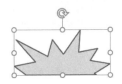

[単純型抜き] 複数の図形の重なり部分を型抜きします。

型抜き前：円と矢印　　　　　型抜き後：型抜きされた1つの図形

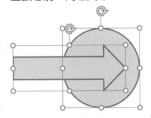 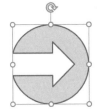

複数選択するときに、型抜きしたい図形を先に選択します。左の図の場合は、円を選択してから、**Shift**キーを押しながら矢印を選択しています。

> 活用

図形に用意されている線には、図形と図形を線でつなぐ機能があります。線でつないだあとで図形を移動すると、線の長さや位置も自動調整されるので、チャートを描くときに便利な機能です。

1. [挿入]タブの[図形]ボタンの▼をクリックして、[線]の[直線]をクリックします。
2. 線でつなぎたい一方の図形のハンドル（○）にマウスポインターを合わせてドラッグします。
3. つなぎたいもう一方の図形のハンドル（○）にマウスポインターを合わせます。線でつながると、両方のハンドルが緑色になるのでマウスボタンを離します。

なお、複数の図形をつなげるために何度も同じ線を描く場合、描画モードのロック機能を使用します。描画モードのロックをすると、中止するまで同じ図形を連続して描くことができます。操作方法は、[挿入]タブの[図形]ボタンの▼をクリックして図形を選択するとき、右クリックしてショートカットメニューの[描画モードのロック]をクリックします。
中止する場合は、**Esc**キーを押します。

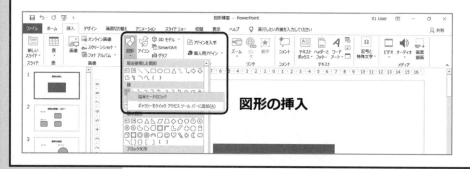

SmartArtグラフィックで図解する【操作】

「SmartArtグラフィック」は、ビジュアルなチャートを短時間で作成する便利な機能です。デザイン性が高く、わずかな作業で高品質なチャートが作成できます。

●SmartArtグラフィックの種類
「SmartArtグラフィックのチャート」は、8種類に分類されています。
リスト（並列のチャート）、手順（手順や推移、成長、対比を表すチャート）、循環（循環、繰り返しのチャート）、階層構造（組織図など階層構造を表すチャート）、集合関係（拡散、収束、交差などのチャート）、マトリックス（4象限のマトリックスのチャート）、ピラミッド、図（画像を含むチャート）です。

SmartArtグラフィックについて
本書発行後の機能やサービスの変更により、SmartArtグラフィックが誌面のとおりに適用できないことがあります。その場合は誌面で指示されているもの以外を利用してください。

SmartArtグラフィックの種類

[SmartArtグラフィックの選択]ダイアログボックスでは、右の図のとおりSmartArtが分類されています。[すべて]をクリックすると、右側のボックスにすべての種類が表示されます。[リスト]以下のメニューをクリックすると、そこに分類されているSmartArtグラフィックだけが表示されます。

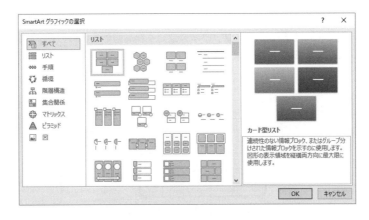

さらに色の変更、スタイルの編集機能があり、メニューから選択するだけで配色や全体のスタイルを簡単に変更できます。

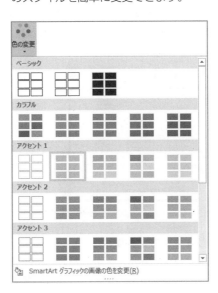

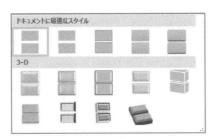

●SmartArtグラフィックの挿入

1. ファイル「05_自己紹介」の7枚目のスライドを標準表示モードで表示します。
2. [テキストを入力]と表示されているプレースホルダーの[SmartArtグラフィックの挿入]をクリックします。
3. [SmartArtグラフィックの選択]ダイアログボックスが表示されるので、[リスト]の[カード型リスト]をクリックして、[OK]をクリックします。SmartArtグラフィックが挿入されます。

その他の挿入方法

[挿入]タブの[SmartArt][SmartArt]ボタンをクリックしても挿入できます。

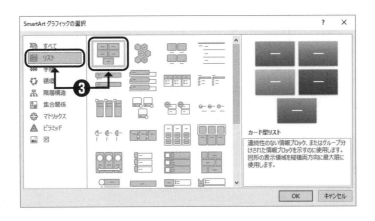

SmartArtグラフィックへの図形の追加

[SmartArtツール]の[デザイン]タブの[図形の追加]ボタンをクリックします。▼をクリックすると、追加する位置を指定することができます。

● **SmartArtグラフィックの図形削除**
1. SmartArtグラフィックで不要な図形を選択して、**Delete**キーを押します。
2. 図形が削除され、SmartArtグラフィックのレイアウトが自動調整されます。

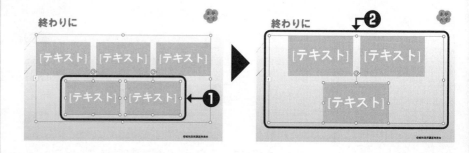

● **SmartArtグラフィックへの文字入力**
1. 通常の図形への文字入力と同様に、図形を選択して次のとおり文字を入力します。文字数に合わせてフォントサイズが自動調整されます。

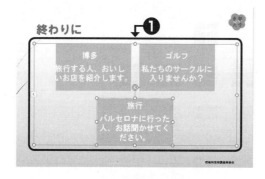

SmartArtグラフィックのテキストウィンドウ

SmartArtグラフィックは、直接図形を選択して文字を編集できますが、テキストウィンドウでも同じことができます。ユーザーの環境によっては、挿入後に自動的に表示されます。使用しない場合は[テキストウィンドウ]の右上端の閉じるボタンをクリックして閉じます。テキストウィンドウを表示するには、SmartArtグラフィックを右クリックしてショートカットメニューの[テキストウィンドウの表示]をクリックします。本書では、テキストウィンドウを閉じて、図形に直接文字を入力したり編集しています。

● **SmartArtグラフィックの文字の編集**
1. SmartArtグラフィックの外枠をクリックして全体を選択します。
2. [ホーム]タブの[18 ▼][フォントサイズ]ボックスの▼をクリックして、[24]をクリックします。全体のフォントサイズが変更されます。
3. [博多]をドラッグして選択し、[ホーム]タブの[18 ▼][フォントサイズ]ボックスの▼をクリックして、[32]をクリックします。選択した文字だけフォントサイズが変更されます。同様の操作で「ゴルフ」、「旅行」も32ポイントに変更します。

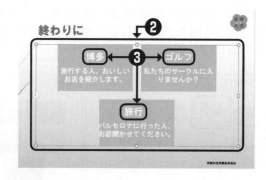

チャートの大きさ

1枚のスライドの情報量やチャートの形にもよりますが、画面の端から端までいっぱいに描いてあると圧迫感があります。右の図のように多少周囲に余白があったほうがきれいに見えます。

●SmartArtグラフィックのレイアウトの変更

1. SmartArtグラフィックの外枠をクリックして全体を選択します。

2. [SmartArtツール]の[デザイン]タブの[レイアウト]の ▼ [その他]ボタンをクリックして、[台形リスト]をクリックします。レイアウトが変更され、台形を横に並べたチャートになります。

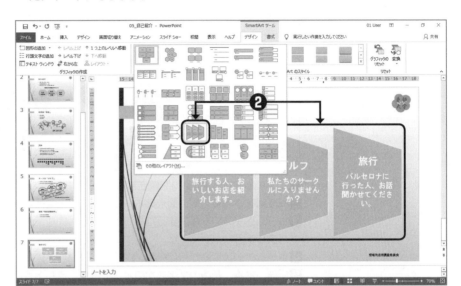

●SmartArtグラフィックの大きさの変更

1. SmartArtグラフィックの外枠をクリックして全体を選択します。

2. 任意のハンドル(○)をドラッグして縮小します。図形の大きさに合わせて、必要に応じてフォントサイズや改行位置が自動調整されます。

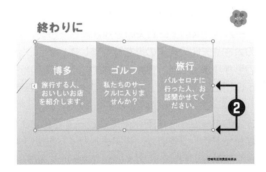

3.「05_自己紹介」という名前で、[保存用]フォルダーに保存します。

練習問題

図形を使って、次のチャートを作成しましょう。

【編集前】　　　　　　　　　　　【完成図】

1. ファイル「L05_問題1」を開きましょう。
2. 完成図を参考にして、図形のホームベースの形を微調整しましょう。
3. ホームベースの形が決まったらコピーして、完成図のように3つを水平、等間隔に並べましょう。
4. ホームベースに左から「序論」、「本論」、「結論」と入力しましょう。
5. 序論、本論、結論の文字を次のように編集しましょう。

   フォント：太字
   フォントサイズ：44
   フォントの色：[テーマの色]の[ブルーグレー、テキスト2]

6. 角丸四角形をコピーして、完成図のように3つを水平、等間隔に並べましょう。
7. 角丸四角形に左から「簡単に」、「詳細に」、「簡単に」と入力しましょう。
8. 3つのホームベースの上に右矢印を描きましょう。
9. 右矢印の太さや矢印の先端の形を微調整しましょう。
10. 右矢印の形が決まったら、最背面に移動して3つのホームベースの下にしましょう。
11. 「P-L05-01」という名前で、[保存用]フォルダーに保存しましょう。

ヒント：3つのホームベースを水平にコピーするには、**Shift**キーと**Ctrl**キーを押しながらドラッグするか、スマートガイドを使います。スマートガイドは、コピーや移動中に自動的にガイド線を表示して図形を揃えるのを助けます。スマートガイド機能を使用するには、[表示]タブの[表示]グループの[グリッドの設定]をクリックして、[グリッドとガイド]ダイアログボックスの[図形の整列時にスマートガイドを表示する]チェックボックスをオンにします（初期設定ではオン）。
また、描画オブジェクトを等間隔に配置するには、[描画オブジェクトをグリッドに合わせる]チェックボックスがオン（初期設定ではオン）になっていれば目分量でもおおよそ問題なく配置できますが、簡単かつ正確に揃えるには、配置の整列機能を使います。3つのホームベースを囲むように左上から右下へドラッグして複数選択し、[ホーム]タブの[配置]ボタンをクリックして、[配置]の[左右に整列]をクリックすると、左右の間隔が一定に整列します。

SmartArtグラフィックを使って、次のようなチャートを作成しましょう。

【編集前】

【完成図】

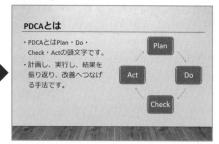

1 ファイル「L05_問題2」を開きましょう。
2 完成図を参考にして、リード文の下にあるプレースホルダーにSmartArtグラフィックの[循環]の[ボックス循環]を作成しましょう。
　初期設定では、ボックス循環の図形は5つですが、4つにしたいので1つ削除しましょう。
3 12時の位置から時計回りに「Plan」、「Do」、「Check」、「Act」と入力しましょう。
4 SmartArtグラフィックのスタイルとして、[3-D]の[細黒枠]を適用しましょう。
5 「P-L05-02」という名前で、[保存用]フォルダーに保存しましょう。

Lesson1～4を通してあなたが作成しているファイル「練習_あなたの氏名」のプレゼンテーション資料で、チャート化したほうが聞き手にわかりやすいと思われるスライドを選んで、次の手順で考えてみましょう。

1 重要なキーワードを洗い出します。順番を気にせず、思いつくものから書き出してみましょう。
2 キーワードの構造を考えます。書き出したキーワードは分類できるか、順番があるか、上下関係があるか、対比関係があるか、考えてみましょう。
3 チャート化してみましょう。図形でも、SmartArtグラフィックを使用しても構いません。
4 必要に応じて、リード文や注釈文を追加しましょう。
5 ファイル「練習_あなたの氏名」を上書き保存して閉じましょう。

Lesson 6 訴求力を上げるカラー化

プレゼンテーション資料の訴求力を上げる重要なテクニックにカラー化があります。カラーを上手に活用することで、ポイントを強調したり、聞き手の理解度を上げることができます。センスのよい配色は、聞き手に信頼感や安心感を与えることにもつながります。

このレッスンでは、カラーの基礎知識や配色の基本テクニック、カラー化によってプレゼンテーション資料の訴求力を上げるコツを学びます。PowerPointの操作は、図形やSmartArtグラフィックのカラーを編集する方法を実習します。

また、［補足資料］フォルダーのファイル「カラー補足資料」も参照してください。

キーワード
- 色相
- トーン
- ドミナントカラー
- ドミナントトーン
- アクセントカラー
- カラー化のルール
- 図形のカラーやデザイン
- SmartArtグラフィックのカラーやデザイン

このレッスンのポイント

▶ カラーの基礎知識
▶ 統一感でセンスアップする
▶ アクセントカラーでポイントを強調する
▶ ルールを決めて理解度を上げる
▶ 図形のカラーを編集する
▶ SmartArtグラフィックのカラーを編集する

完成例（ファイル名：06_自己紹介完成.pptx）

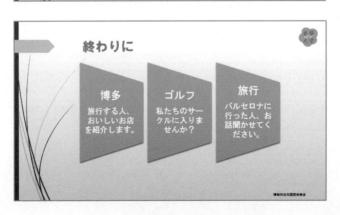

カラーの基礎知識

カラーとは、色相（色合い）とトーン（鮮やかさと明るさ）という2つの概念から成っています。色相とトーンの基礎知識とともに、さまざまなカラーが聞き手にどういう印象を与えるかを学びましょう。

● 色相

「色相」とは、赤、青などの色合いのことです。色相は、大きく分けると、暖色、寒色、そのどちらでもない中間色があります。暖色は、赤、オレンジ、黄色など、暖かい印象の色です。明るくはっきりした暖色系の色を使うと活発なイメージになり、薄めの暖色系は穏やかで安心感を与えます。寒色は、青など、寒い印象の色です。ビジネスライク、冷静で落ち着いた印象にしたいときは、寒色系を使います。

以下は、[描画ツール]の[書式]タブの 図形の塗りつぶし▼ [図形の塗りつぶし]ボタンをクリックし、[塗りつぶしの色]をクリックして表示される[色の設定]ダイアログボックスで、[ユーザー設定]タブの[カラーモデル]を[HSL]に切り替えた例です。

色相は[色]の横方向であり、白いマークを横方向にドラッグするか、[色合い]ボックスの数値を変更すると、色相が変わります。[色合い]ボックスは0（左端）〜255（右端）まで設定でき、0は赤から始まって255も赤で終わるので、0と255をつなぎ合わせた虹色の環のようになっています。この環を色相環、あるいは、カラーダイヤルと呼びます（詳細については、ファイル「カラー補足資料」の「カラーダイヤル（色相環）」を参照してください）。カラーダイヤルのなかで、近くにある色を使って配色すると、調和が取れて洗練されたイメージになります。離れている色、たとえば、赤と青、黄と紫などは、対比がはっきりします。

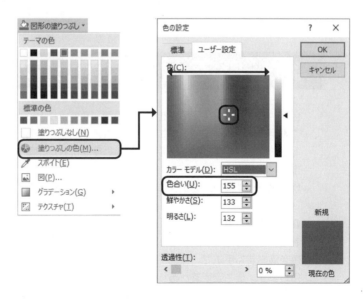

●トーン

「トーン」とは、明度（明るさ）と彩度（鮮やかさ）を組み合わせた概念です（詳細については、ファイル「カラー補足資料」の「トーン図」を参照してください）。

色相の違いによって与える印象が違うのと同じように、トーンの違いでも印象が変わります。同じ赤でも、明るく鮮やかな赤なら活発で派手な印象になりますが、暗くすんだ赤は落ち着いて見えるでしょう。

[色の設定]ダイアログボックスで、トーンは[色]の縦方向であり、白いマークを縦方向にドラッグすると彩度が変わり、◀をドラッグすると明度が変わります。[鮮やかさ]ボックス、[明るさ]ボックスの数値を変更しても同じです。[鮮やかさ]ボックス、[明るさ]ボックスは0（下）～255（上）まで設定でき、[鮮やかさ]ボックスが0の場合は彩度がない、黒、グレー、白といった無彩色です。

プロジェクターで映すときの配慮

プロジェクターで映してプレゼンテーションする場合は、プロジェクターの性能にもよりますが、あまり薄い色は見にくくなります。明度が高い色は表示されないおそれがあるので注意しましょう。

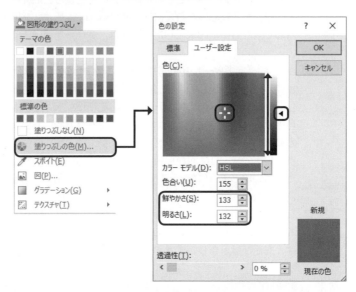

統一感でセンスアップする

色相やトーンの与える印象を念頭にカラーを使うことに加えて、複数の色を組み合わせて表現するときは配色テクニックがあります。配色を考えるとき、最も基本的なポイントが「統一感」です。統一感のある配色は整理された印象を与え、プラスイメージになります。

統一感を出す代表的なテクニックは、「ドミナントカラー」と「ドミナントトーン」です。

●ドミナントカラー

ドミナントとは、直訳すると「支配」という意味です。ドミナントカラーは、色相で統一感を演出する手法で、青色系でまとめる、赤色系でまとめる、など、同系色を使って配色します。最も安定感があり、無難な配色といってよいでしょう。

詳細については、ファイル「カラー補足資料」の「ドミナントカラー」を参照してください。

●ドミナントトーン

ドミナントトーンは、トーンで統一感を演出する手法で、ダルトーンでまとめる、ブライトトーンでまとめる、など、同じトーンを使って配色します。色相が違う色を複数使う場合は、トーンを統一するとバランスがとりやすいでしょう。ただし、この手法で配色した資料は、モノクロ印刷すると判別が難しくなることが多いので、色分けが判別できないと内容がわからない場合は使えません。

詳細については、ファイル「カラー補足資料」の「ドミナントトーン」を参照してください。

アクセントカラーでポイントを強調する

「アクセントカラー」は、部分的に色相やトーンがまったく違う色を使うことで、強調する手法です。スライドの中で重要なポイントが記載されている部分は、アクセントカラーで目を引くように編集すると効果的です。

なお、モノクロ印刷しても強調が損なわれないようにするには、トーンが違う色を使いましょう。以下のように、トーンの違いでアクセントカラーを配色すれば、モノクロでも十分強調できてわかりやすい資料になります。

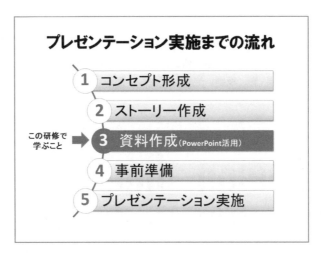

詳細については、ファイル「カラー補足資料」の「アクセントカラー」を参照してください。

ルールを決めて理解度を上げる

PowerPointでは、フルカラーで自由に色が設定できますが、無意味に色分けするとかえってわかりにくい資料になります。伝えようとするメッセージをわかりやすく表現するには何色の色分けが必要なのか、重要なポイントはどの色を使うのかなど、「ルールを決めてカラー化」しましょう。

●無意味なバリエーションの排除
カラフルに色分けするより、内容に合わせて必要最低限の色分けにしたほうが効果的です。
詳細については、ファイル「カラー補足資料」の「無意味なバリエーションの排除」を参照してください。

●複数ページにわたるルールによる意味づけ
配色は、1枚のスライドの中でバランスをとるだけでなく、すべてのページの流れに沿って考えます。各スライドの中ではバランスのよい配色になっていても、すべてのページの流れをみるとバラバラでは、聞き手を迷わせたり誤解させるおそれがあります。同じことを表す色は同じにするのが基本です。たとえば、日本は「青」と決めたら、すべてのページで日本に関する説明は青を使うといった具合です。
詳細については、ファイル「カラー補足資料」の「複数ページにわたるルールによる意味づけ」を参照してください。

並列チャートの色分け
並列チャートを構成する要素の色は、特に色分けする理由がない場合は統一します。無意味なバリエーションは避けましょう。

プレゼンテーション全体のカラーバランスの確認
PowerPointでプレゼンテーション全体の色使いのバランスを見るには、スライド一覧表示モードに切り替えて確認します。

図形のカラーを編集する【操作】

PowerPointでは、図形のカラーやデザインを編集する方法は複数用意されています。細かく自分で設定してもよいですし、ある程度用意されている配色、デザインから選択して手早く美しい仕上がりを実現することもできます。両方を上手に使い分けて、短時間で希望どおりの配色、デザインにしましょう。

●図形のカラー、デザインの設定方法
「図形のカラーやデザイン」を設定する要素には次のものがあります。

■塗りつぶしの色（テーマの色、標準の色、その他の塗りつぶしの色など）
■枠線（テーマの色、標準の色、その他の塗りつぶしの色、太さ、実線／点線など）
■効果（影、反射、光彩、ぼかし、面取り、3－D回転）

テーマの色の種類
テーマの色には10種類の色が用意されています。それぞれ濃さを段階的に変えて6種類用意しているので、合計60種類の色から選択できます。テーマの色に表示される色は、選択しているテーマによって異なります。

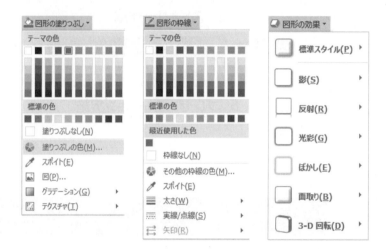

上記を組み合わせて、簡単に高度なデザインを実現する機能には次のものがあります。

■標準スタイル（各種の効果を組み合わせた12種類のスタイルパターン）
■クイックスタイル（効果に加えて、塗りつぶしの色や枠線などを自動設定）

標準スタイルの種類
標準スタイルも、選択した種類によって枠線の有無などが変わります。自分で各種の設定を組み合わせてセンスよく編集するには時間と手間がかかるので、大変便利な機能です。

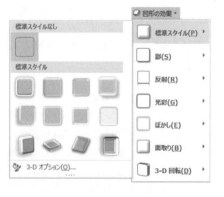

図形の複数選択

1つ目の図形をクリックし、2つ目を**Shift**キーを押しながらクリックするか、図形を左上から右下へ囲むようにドラッグします。

その他の塗りつぶしの設定方法

[描画ツール]の[書式]タブの[図形の塗りつぶし]・[図形の塗りつぶし]ボタンでも設定できます。

●図形の塗りつぶしの色

1. ファイル「06_自己紹介」の5枚目[サークル「ゴルフ」]を表示します。
2. 2つのホームベースを複数選択します。
3. [ホーム]タブの[図形の塗りつぶし]・[図形の塗りつぶし]ボタンをクリックして、[テーマの色]の[ゴールド、アクセント1、白+基本色40%]をクリックします。塗りつぶしの色が設定されます。

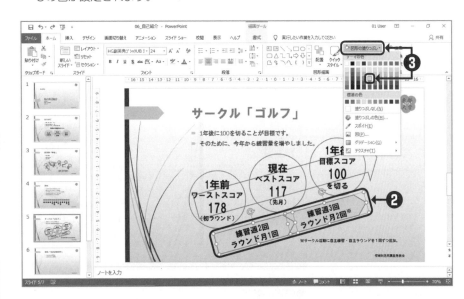

4. 同様の操作で、3つの円にも塗りつぶしの色を設定します。1年前、現在、1年後と段階的に成長していく様子を強調するために、ドミナントカラー配色テクニックを使って、同じ色相で濃さに変化を付けます。左側の円に[テーマの色]の[オレンジ、アクセント2、白+基本色80%]、中央の円に[オレンジ、アクセント2、白+基本色60%]、右側の円に[オレンジ、アクセント2、白+基本色40%]を設定します。

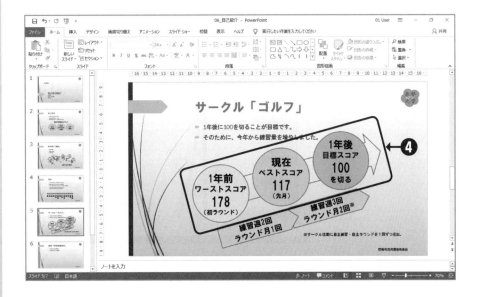

その他の枠線の設定方法
[描画ツール]の[書式]タブの[図形の枠線]▼[図形の枠線]ボタンでも設定できます。

●図形の枠線
1. 2つのホームベースを複数選択します。
2. [ホーム]タブの[図形の枠線]▼[図形の枠線]ボタンをクリックして、[テーマの色]の[ゴールド、アクセント1、黒+基本色25%]をクリックします。枠線の色が設定されます。

その他の効果の設定方法
[描画ツール]の[書式]タブの[図形の効果]▼[図形の効果]ボタンでも設定できます。

●図形の効果
1. 2つのホームベースを複数選択します。
2. [ホーム]タブの[図形の効果]▼[図形の効果]ボタンをクリックし、[影]をポイントして[外側]の[オフセット:右下]をクリックします。影が設定されます。

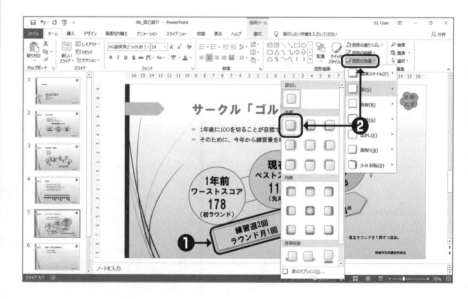

● 図形の標準スタイル

1. 3つの円を複数選択します。

2. [ホーム]タブの [図形の効果] [図形の効果]ボタンをクリックし、[標準スタイル]をポイントして[標準スタイル2]をクリックします。標準スタイルが設定されて、立体的なデザインになります。

立体感の効果

立体感あるデザインは、簡単に見栄えをよくするのに役立ちます。右の例で使用した設定の他にも多数用意されています。

● 図形のクイックスタイル

1. 矢印を選択します。

2. [ホーム]タブの [クイックスタイル]ボタンの▼をクリックして、[光沢－オレンジ、アクセント2]をクリックします。塗りつぶしの色や枠線、効果を組み合わせたスタイルが適用されます。

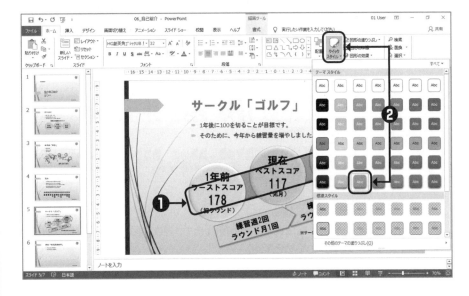

SmartArtグラフィックのカラーを編集する【操作】

「SmartArtグラフィックのカラーやデザイン」は、全体に対して一括で編集する方法と、構成要素である各図形を個別に編集する方法があります。一括で編集する方法は次のような機能があります。

■色の変更（あらかじめ用意されている配色のパターン）
■SmartArtのスタイル（あらかじめ用意されているスタイルのパターン）

色を変更する場合の注意
色の変更に用意されているパターンには、チャートの構成要素を複数の色で色分けするデザインもあります。見た目の美しさという点では使用したくなるかもしれませんが、色分けする必要がない内容の場合はお勧めできません。

3－D効果を使用する場合の注意
3－Dによって立体感を付ける効果は前述のとおり見栄えをよくしますが、文字が書かれている図形に対して行う場合、文字が読みにくくならないことが大前提です。設定してみて確認しましょう。デザインによっては斜めになって読みにくいものもあります。

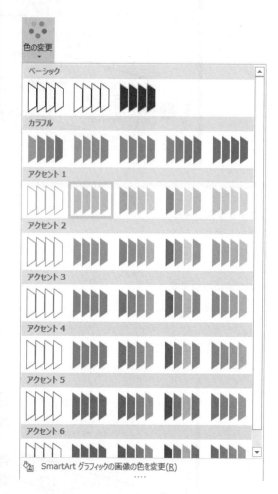
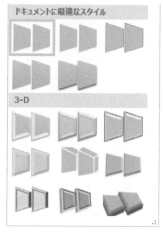

構成要素である各図形は、通常の図形と同様の操作で塗りつぶしの色、枠線、効果を設定できます。

●SmartArtグラフィックの色の変更
1. ファイル「06_自己紹介」の7枚目[終わりに]を表示します。
2. SmartArtグラフィックの外枠をクリックして全体を選択します。
3. [SmartArtツール]の[デザイン]タブの [色の変更]ボタンの▼をクリックして、[アクセント2]の[塗りつぶし-アクセント2]をクリックします。
4. SmartArtグラフィックを構成するすべての図形の色が変更されます。

塗りつぶしの色とフォントの色の関係
右の例のように比較的濃い色で塗りつぶす場合は、フォントの色との関係に注意します。ここではもともとフォントの色が白なので問題ありませんが、フォントの色も濃い色だと見にくくなります。塗りつぶしの色を変更するときには注意しましょう。

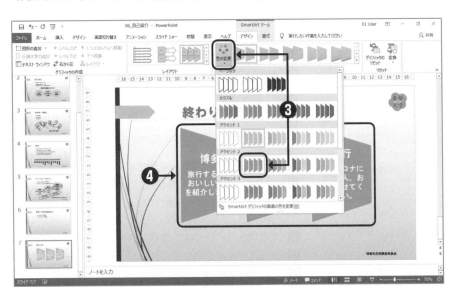

●SmartArtグラフィックのスタイルの変更
1. SmartArtグラフィックの外枠をクリックして全体を選択します。
2. [SmartArtツール]の[デザイン]タブの[SmartArtのスタイル]の [その他]ボタンをクリックして、[ドキュメントに最適なスタイル]の[光沢]をクリックします。
3. SmartArtグラフィックを構成するすべての図形のスタイルが変更されます。

グラフィックのリセット
SmartArtグラフィックを選択してSmartArtツールの[デザイン]タブの [グラフィックのリセット]ボタンをクリックすると、行った編集内容をすべてリセットできます。いろいろ試してみた結果、わからなくなってしまった場合は、リセットしてやり直すとよいでしょう。

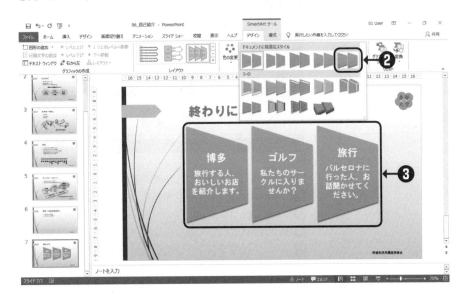

4. 「06_自己紹介」という名前で、[保存用]フォルダーに保存します。

練習問題

問題 6-1

図形のカラー、デザインを編集しましょう。

【編集前】　　　　　　　　　　　【完成図】

1. ファイル「L06_問題1」を開きましょう。
2. 3つのホームベースを複数選択しましょう。
3. 3つのホームベースの塗りつぶしの色を[テーマの色]の[ゴールド、アクセント4]に変更しましょう。
4. 3つのホームベースに[標準スタイル]の[標準スタイル5]を適用しましょう。
5. 矢印に[クイックスタイル]の[パステル－ゴールド、アクセント4]を適用しましょう。
6. 3つの角丸四角形を複数選択しましょう。
7. 3つの角丸四角形に[クイックスタイル]の[光沢－青、アクセント1]を適用しましょう。
8. 「P-L06-01」という名前で、[保存用]フォルダーに保存しましょう。

問題 6-2

SmartArtグラフィックのカラー、デザインを編集しましょう。

【編集前】　　　　　　　　　　　【完成図】

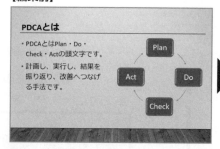 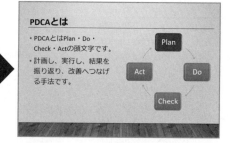

1. ファイル「L06_問題2」を開きましょう。
2. SmartArtグラフィック全体を選択しましょう。
3. SmartArtグラフィックのカラーを[塗りつぶし－アクセント2]に変更しましょう。
4. SmartArtグラフィックのスタイルを[凹凸]に変更しましょう。
5. SmartArtグラフィックの「Plan」と書かれた角丸四角形の塗りつぶしの色を[テーマの色]の[ピンク、アクセント2、黒＋基本色50％]に変更しましょう。
6. 「P-L06-02」という名前で、[保存用]フォルダーに保存しましょう。

SmartArtグラフィックのカラー、デザインを編集しましょう。

【編集前】

【完成図】
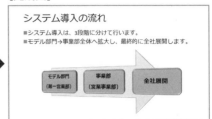

❶ファイル「L06_問題3」を開きましょう。
❷SmartArtグラフィック全体を選択しましょう。
❸SmartArtグラフィックのカラーを[カラフル-アクセント3から4]に変更しましょう。
❹SmartArtグラフィックのスタイルを[メタリック]に変更しましょう。
❺「P-L06-03」という名前で、[保存用]フォルダーに保存しましょう。

Lesson1～5を通してあなたが作成しているファイル「練習_あなたの氏名」のプレゼンテーション資料で、図形やSmartArtグラフィックを使用した部分について、このレッスンで学んだカラーの基礎知識や配色テクニックを活用して配色、デザインを編集しましょう。

Lesson 7 数値をアピールする表・グラフ活用

数値をビジュアル化する表現方法には、表とグラフがあります。数値を比較しやすくしたり、読み取りやすくしたり、数値の傾向をアピールするなど、目的に合わせて適切な表現方法を活用しましょう。
このレッスンでは、表とグラフの基礎知識として使い分けのポイントと基本ルールを確認してから、ビジュアル化のコツを学びます。PowerPointの操作は、ビジュアルな表やグラフを手早く作成する方法を実習します。

キーワード
□□表
□□グラフ
□□表の基本ルール
□□表のビジュアル化
□□棒グラフ
□□折れ線グラフ
□□円グラフ
□□グラフのビジュアル化
□□グラフでの図形活用

このレッスンのポイント

▶ 目的に合わせて表とグラフを使い分ける
▶ 表の基本ルール
▶ 表をビジュアル化する
▶ グラフの基本ルール
▶ グラフをビジュアル化する
▶ ビジュアルな表を作成する
▶ ビジュアルなグラフを作成する

完成例(ファイル名:自己紹介参考資料完成.pptx)

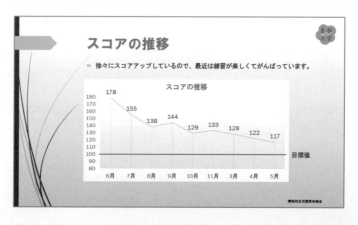

目的に合わせて表とグラフを使い分ける

表とグラフはもたらす効果が違うので、目的に合わせて使い分けます。
「表」とは、行と列で表現するものです。表が適しているのは次のような場合です。

■文字や数値情報を整理して簡潔に伝えたいとき。
■文字や数値情報を読み取りやすくしたいとき。
■文字や数値情報を比較したいとき。
■数値情報を計算したいとき。

一方で、「グラフ」とは数値情報をビジュアル化するものです。棒、折れ線、円グラフなど、さまざまな形式があります。グラフが適しているのは次のような場合です。

■数値情報を比較したいとき。
■数値情報から読み取れる傾向をアピールしたいとき。

個々の数字を詳細に示すのが目的なら表が向いていますが、そこから読み取れる傾向をアピールするのが目的ならグラフが向いています。

グラフに表を付ける
細かい数値も読めるようにしたうえで、数値の傾向もアピールしたい場合は、グラフと表両方を表示するとよいでしょう。グラフのデータラベルでも数字を表示できますが、どうしても限界があります。

表の基本ルール

表を作成するための前提知識として、「表の基本ルール」を学びます。

❶→ 上半期製品別売上高　単位:百万円

	製品A	製品B	製品C
1月度	125	253	38
2月度	133	265	47
3月度	158	289	56
4月度	112	231	26
5月度	108	228	36
6月度	145	274	58

❷ 見出し行　❸ 見出し列　❹❺ データ　❻ セル（274）

●各部の名称

各部の名称	説明
❶表のタイトル	表の名前。通常は表の上に記述する。
❷見出し行	列見出しともいう。各列の見出し。
❸見出し列	行見出しともいう。各行の見出し。
❹データ行	見出し行以外の、実際にデータが書かれている行。
❺データ列	見出し列以外の、実際にデータが書かれている列。
❻セル	1つ1つの枠。

●基本ルール
■表のタイトルを書く（文中で引用する場合は、「表-1 上半期売上高」というように表番号を付けるとわかりやすい）。
■見出し行、見出し列を作成し、見出しであることがわかるようにする（塗りつぶしの色や、文字の位置揃えなどの違いで区別する）。
■数値情報は、単位を明記する。
■数値情報は、右揃えか小数点揃えにする。
■必要に応じて、小計や合計などの集計行、集計列を追加する。

表をビジュアル化する

「ビジュアルでわかりやすい表」を作成するコツは、見やすいレイアウトと訴求力をアップするカラー活用です。

●見やすいレイアウト
見出し行や見出し列の構造や、行の高さや列の幅などに注意します。

【悪い例】

上半期コース別受講者数　単位:人

	PowerPoint 初級	PowerPoint 上級	Excel	Word
1月度	253	541	278	179
2月度	224	489	263	165
3月度	217	452	237	154
4月度	378	560	285	160
5月度	288	446	201	115
6月度	241	483	274	147

【良い例】

上半期コース別受講者数　単位:人

	PowerPoint		Excel	Word
	初級	上級		
1月度	253	541	278	179
2月度	224	489	263	165
3月度	217	452	237	154
4月度	378	560	285	160
5月度	288	446	201	115
6月度	241	483	274	147

並列する情報の列幅は一定のほうが整理された印象を与えます。また、行の高さやセル内の余白に余裕がないと、情報が読み取りにくくなるので、前述の例のようにある程度余裕を持った設定にしましょう。

PowerPointの表の列幅

PowerPointの表の挿入機能で作成する表は、挿入直後はすべての列幅が一定になっています。列の境界線をドラッグすることで自由に変更できますが、いったん変更してバラバラになった列幅を一定にしたい場合は、一定にしたい列をすべて選択して、［表ツール］の［レイアウト］タブの ［幅を揃える］ボタンをクリックします。複数選択した列の合計の幅は変えずに、その中で各列の幅を一定に調整してくれます。

●訴求力をアップするカラー化

ポイントを強調してアピールするには、行、列、セルやフォントの色を工夫します。

上半期コース別受講者数　単位：人

	PowerPoint 初級	PowerPoint 上級	Excel	Word
1月度	253	541	278	179
2月度	224	489	263	165
3月度	217	452	237	154
小計	694	1482	778	498
4月度	378	560	285	160
5月度	288	446	201	115
6月度	241	483	274	147
小計	907	1489	760	422
合計	1601	2971	1538	920

モノクロで印刷する場合
色の濃淡（明るさの違い）で変化をつけるようにします。同程度の明るさの色で色分けしていると、モノクロで印刷したときに違いがわからなくなるためです。

グラフの基本ルール

作成頻度が高い棒・折れ線・円グラフの基本ルールを学びます。

●棒グラフ

「棒グラフ」は、数量の比較を表現するときに適しています。各部の名称と作成時の基本ルールは次のとおりです。

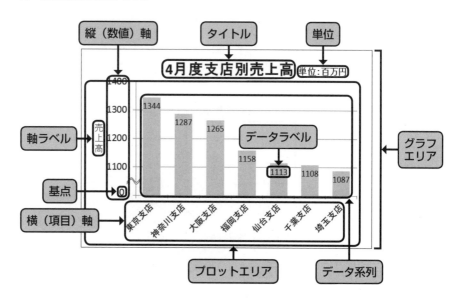

- グラフタイトル、目盛、軸ラベル、単位、基点、統計の場合のn数など、最低限必要な項目は漏らさず記入する。
- 基点は原則として「0」とする。
- 棒の配列は、時系列などの順番がない場合は、原則として左から（横棒なら上から）数値の大きい順に並べる。ただし、「その他」の項目は一番右（横棒なら下）に配置する。
- 棒が長すぎる場合（そのままグラフ化すると差がほとんど見られないなど）は、軸や棒自体を二重波線で中断してもよい。

二重波線
軸や棒の中断を表す二重波線はグラフ機能では作成できません。右の図のようなグラフを作成するには、最小値1000最大値1400で作成してから、基点の0はテキストボックス、二重波線は図形の曲線機能で作成してグラフの上に追加します。

●折れ線グラフ

「折れ線グラフ」は、数量の推移を表現するときに適しています。各部の名称と作成時の基本ルールは次のとおりです（棒グラフと共通の項目は省略しています）。

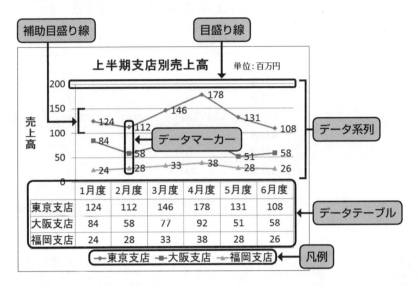

- グラフタイトル、目盛、軸ラベル、単位、基点、統計の場合のn数など、最低限必要な項目は漏らさず記入する。
- 基点は「0」が基本ではあるが、数値の推移傾向をはっきりさせるために「0」以外に設定してもよい。
- 線が交わっても識別がしやすいように、線の形、線の色、データマーカーの形などを変えて表現する。

●円グラフ

「円グラフ」は、構成要素の比率（割合）を表現するときに適しています。各部の名称と作成時の基本ルールは次のとおりです（棒グラフと共通の項目は省略しています）。

ラベルの区切り

ラベルに複数の情報を表示する場合に、ラベルを区切る記号を指します。右の図では人数とパーセンテージを改行で区切っています。これ以外に、コンマ（,）、セミコロン（;）、ピリオド（.）、スペースで区切ることができます。

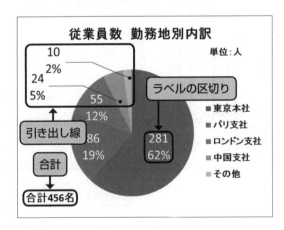

- グラフタイトル、系列名（または凡例）、パーセンテージ、単位、合計、統計の場合のn数など、最低限必要な項目は漏らさず記入する。
- 円グラフの基点は、原則として12時の位置とする。
- 扇形の配列は、時系列などの順番がない場合は、原則として12時の位置から数値の大きい順に時計回りに並べる。ただし、「その他」の項目は、データの大きさにかかわらず最後に配置する。

グラフをビジュアル化する

「ビジュアルでわかりやすいグラフ」を作成するコツは、前述の基本ルールを守ることに加えて、見やすいレイアウト、訴求力をアップするカラー活用、ポイントを強調する図形活用といったテクニックがあります。

●見やすいレイアウト

グラフ全体をバランスよく見やすくするには、グラフを構成する各要素のレイアウトを調整します。たとえば、グラフエリアの大きさに対してプロットエリアのバランスは適切か、棒グラフの棒の太さは適切か、各部分のフォントの大きさは適切か、目盛間隔や最小値（基点）、最大値は適切か、などです。アンバランスなグラフでは、数値傾向が読み取りにくくなりますので注意しましょう。

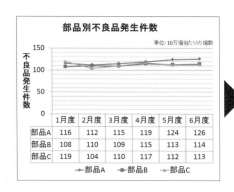 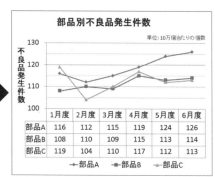

上記の例は、縦軸のレンジ（データの範囲）を変えています。伝えたいメッセージが「部品A・B・Cの10万個当たりの不良品発生件数は半年間変化がない」なら左のグラフですが、「部品Aだけ不良品発生件数が増加傾向にあり、5月度より120個のラインを超えている」なら、右のグラフです。

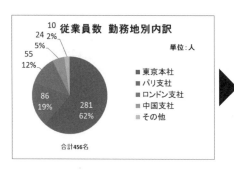 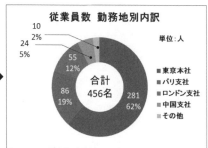

左のグラフは、全体のバランスが悪い例です。右のグラフは、プロットエリアを広げて中心に置き、ドーナツ円グラフにすることで合計人数をテキストボックスで書き加えて、円グラフの中心に配置しています。ラベルは引き出し線を非表示にして、かわりに図形で線を書き加えています。やや手間はかかりますが、わかりやすさと見た目のバランスのよさは一目瞭然です。

凡例などのフォントサイズ

タイトルやよく見てほしい部分（たとえばデータラベルとして表示するパーセンテージなど）のフォントサイズに比べて、凡例や単位などはやや小さめのフォントサイズにするとバランスがよいでしょう。ただし、凡例が見にくいようではグラフとしての役割を果たせませんので、注意して調整します。

グラフエリアやプロットエリアの色の設定

グラフエリアやプロットエリアにも塗りつぶしの色や枠線の色を設定できます。使用する場合は、データやグラフが見にくくならないように注意します。

● 訴求力をアップするカラー活用

グラデーションなどの塗りつぶし効果で立体的に見せるとか、特に見てほしいところだけ色を変えるなど、カラー活用の工夫でも訴求力がアップできます。

 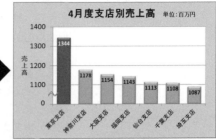

右のグラフは、グラフエリアに色を設定したり、棒を立体的にする効果を設定した例です。また、特に売上高が群を抜いている東京支社だけ色を変えることで強調しています。

● ポイントを強調する図形活用

グラフとは、数値情報から読み取れる傾向をアピールするものですが、その傾向をさらに強調するためには、「図形を使った書き込みのテクニック」があります。コメントを吹き出しで書き込んだり、見てほしいところにマークをつけたり、平均値や目標値などの線を引いたりすることで、グラフで伝えようとするメッセージが明確になります。

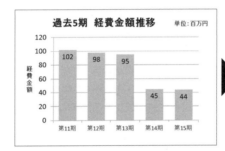 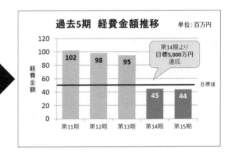

右のグラフは、目標値の線を引き、コメントを書き入れることで、第14期からは目標額を達成したことを強調しています。また、目標値を達成している第14期と第15期は、棒の色も変えて違いを明確にしています。

ビジュアルな表を作成する【操作】

PowerPointでは、スライドに表を挿入できます。挿入した表は、全体のデザインを編集できるのはもちろん、セル単位でも設定変更できます。全体を手早くビジュアルに編集し、特に強調したいセルを個別に編集する方法を実習します。

●表の挿入
1. ファイル「自己紹介参考資料」の2枚目[過去のラウンド一覧]を表示します。
2. [挿入]タブの[表]ボタンの▼をクリックして、[表の挿入]のマス目をポイントし、8行×3列を指定してクリックします。
3. 8行×3列の表が挿入されます。

その他の挿入方法
スライド内に空のプレースホルダーがある場合は、中央の[表の挿入]をクリックして、[表の挿入]ダイアログボックスで行数と列数を指定しても挿入できます。

Excelワークシートの挿入方法
[挿入]タブの[表]ボタンの▼をクリックして、[Excelワークシート]をクリックします。挿入した表はExcelと同等の機能になるため、計算式も設定できます。

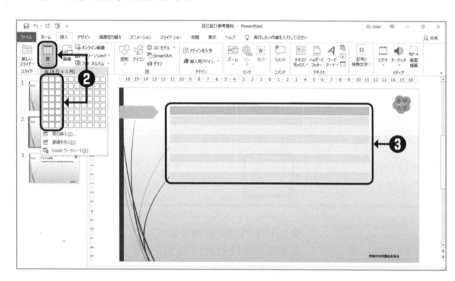

●表の移動や大きさの変更
1. 挿入した表の外枠をクリックして、全体を選択します。
2. 表の外枠(ハンドル以外の場所)にマウスポインターを合わせて になったらドラッグし、図を参考に位置を移動します。
3. 表の外枠の右中央のハンドル(○)にマウスポインターを合わせて になったらドラッグし、図を参考に大きさを変更します。

表の列幅の変更
列の境界線にマウスポインターを合わせて になったら任意の方向にドラッグします。

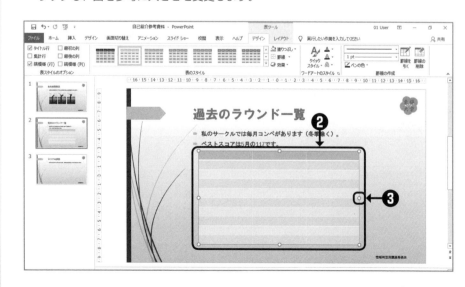

●表への文字入力と行の自動挿入

1. 左上のセル内をクリックして「月日」と入力し、**Tab**キーを押します。続けて図を参考に文字を入力します。
2. 見出し行を含めて8行目まで入力して**Tab**キーを押すと、新しい行が自動挿入されるので「4月5日」と入力し、図を参考に文字を入力します。

活用

表を作成したあとで、列や行を途中に追加したり、不要になった列や行を削除できます。

列や行を追加するには、追加したい位置で右クリックし、ミニツールバーの[挿入]ボタンをクリックして[左に列を挿入]、[右に列を挿入]、[上に行を挿入]、[下に行を挿入]のいずれかをクリックします。

列や行を削除するには、削除したい位置で右クリックし、ミニツールバーの[削除]ボタンをクリックして[列の削除]または[行の削除]をクリックします。

表の文字の配置について
見出し行は中央揃え、数値は右揃えが原則です。文字情報のセルは、左揃えが原則ですが、右の表の「場所」列のように見栄えを優先して中央揃えにする場合もあります。

●セル内の文字の配置変更

1. 見出し行(1行目)の左側をポイントし、マウスポインターの形が→になったらクリックします。行が選択されます。
2. [ホーム]タブの[中央揃え]ボタンをクリックします。
3. 「場所」の列の上側をポイントし、マウスポインターの形が↓になったらクリックして列を選択し、同様の操作で中央揃えにします。
4. 「スコア」の列の見出しを除くセルをドラッグして範囲選択し、[ホーム]タブの[右揃え]ボタンをクリックします。

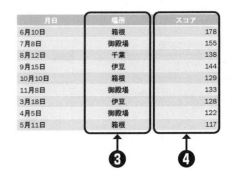

●表のデザインの変更

1. 表の外枠をクリックして、全体を選択します。
2. [表ツール]の[デザイン]タブの[表のスタイル]の[その他]ボタンをクリックして、[淡色]の[淡色スタイル2－アクセント2]をクリックします。
3. セルや枠線のデザインを組み合わせたスタイルが適用されます。

表のデザインを適用する場合の注意
表のデザインを選ぶときも、表内の文字が見にくくならないように注意します。

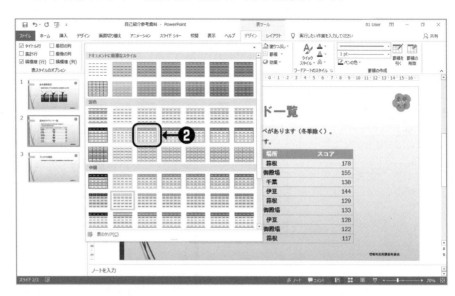

●表のフォントサイズの変更

1. 表の外枠をクリックして、全体を選択します。
2. [ホーム]タブの[フォントサイズ]ボックスの▼をクリックして、[20]をクリックします。
3. セル内の文字のフォントサイズが変更されます。

表のフォントの変更
ここではフォントサイズを変更していますが、[ホーム]タブの[フォント]ボックスの▼をクリックして任意のフォントに変更することもできます。

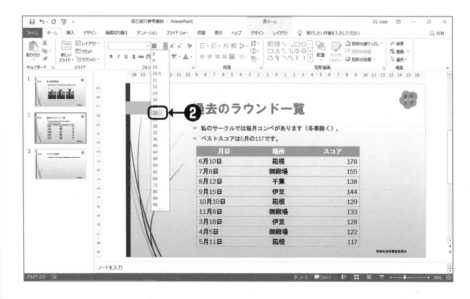

●表のセルの塗りつぶしの色の変更

1. 「6月10日」から「4月5日」までの8行をドラッグして複数選択します。
2. [表ツール]の[デザイン]タブの 塗りつぶし▼ [塗りつぶし]ボタンの▼をクリックして、[テーマの色]の[白、背景1]をクリックします。
3. 「5月11日」の行を選択します。
4. [表ツール]の[デザイン]タブの 塗りつぶし▼ [塗りつぶし]ボタンの▼をクリックして、[テーマの色]の[オレンジ、アクセント2、白＋基本色60％]をクリックします。
5. 指定したセルに塗りつぶしの色が設定されます。

行、列、セルの強調
見出し行や見出し列、集計行や集計列の他にも、右の例のように特に注目してほしい部分は塗りつぶしの色、枠線の色や太さなどを変更して強調するとわかりやすいでしょう。

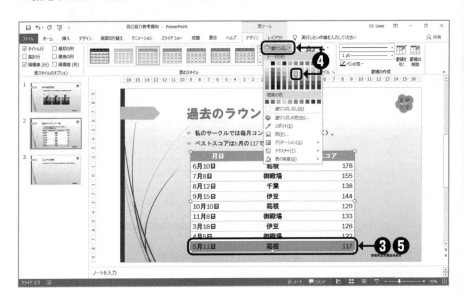

活用

作成した表のスタイルは、これまで実習した編集の他にも[表ツール]の[デザイン]タブ、[レイアウト]タブにあるボタンなどを使って変更することができます。

【[表ツール]の[デザイン]タブ】

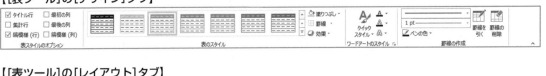

【[表ツール]の[レイアウト]タブ】

ビジュアルなグラフを作成する【操作】

PowerPointでは、スライドにグラフを挿入できます。グラフの種類を指定して挿入し、データを入力して、ビジュアルに編集して仕上げる方法を実習します。

●PowerPointで用意されているグラフの種類

グラフの種類は、縦棒、折れ線、円、横棒、面、散布図、マップ、株価、等高線、レーダー、ツリーマップ、サンバースト、ヒストグラム、箱ひげ図、ウォーターフォール、じょうごの16種類とその組合せで、それぞれ複数のパターンが用意されています。

新しいグラフの種類

PowerPoint 2019には追加になった新しいグラフの種類として、マップとじょうごがあります。マップグラフは、地域別の数値データを地図の塗りつぶしの色によってビジュアル化できます。じょうごグラフは、ある事柄について複数のステージがある場合に、それぞれのステージの値の変化をビジュアル化する棒グラフの一種です。通常、値は徐々に減少し、形がじょうごに似ていることから、その名前が付いています。

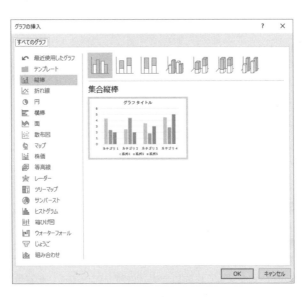

その他の挿入方法

スライド内に空のプレースホルダーがある場合は、中央の[グラフの挿入]をクリックして、[グラフの挿入]ダイアログボックスでグラフを指定しても挿入できます。

●グラフの挿入

1. ファイル「自己紹介参考資料」の3枚目[スコアの推移]を表示します。
2. [挿入]タブの [グラフ]ボタンをクリックし、[グラフの挿入]ダイアログボックスの[折れ線]をクリックし、[マーカー付き折れ線]をクリックします。
3. [OK]をクリックします。
4. Excelが起動し、PowerPointのアプリケーションウィンドウとは別にワークシートが表示されます。

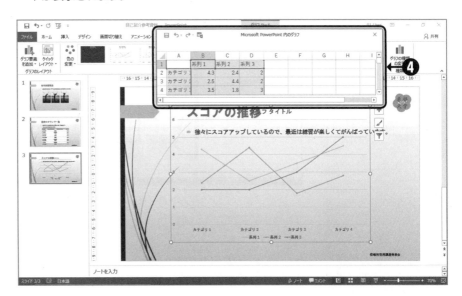

● データの入力

1. Excelワークシートにサンプルデータが入力されているので、図を参考にデータを入力します。はじめに「系列1」のセルが選択されているので、「スコア」と入力します。**Tab**キーを押すとセルが移動するので、順次入力します。サンプルデータは削除します。
2. グラフのデータ範囲（青線で囲まれている部分）の右下端にマウスポインターを合わせて になったらドラッグして、入力したデータの範囲に合わせます。

グラフにするデータ範囲の選択
サンプルデータより拡大する場合はデータ入力に伴って自動的に拡大します。右の例（C、D列のサンプルデータを削除してB列までにする）のように範囲を縮める場合は、青枠をドラッグして調整します。

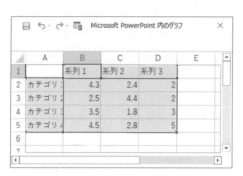
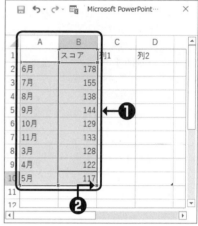

3. Excelワークシートの ☒ 閉じるボタンをクリックして閉じます。

● グラフのデザインの変更

1. グラフの外枠をクリックして全体を選択し、リード文とグラフが重ならない位置までドラッグして移動します。外枠のハンドル（○）をドラッグして大きさも調整します。
2. ［グラフツール］の［デザイン］タブの［グラフスタイル］の［スタイル4］をクリックします。スタイルが適用されます。

グラフの移動や大きさの変更
挿入直後は、スライドの中央に配置されるのでドラッグして任意の位置に移動します。表や図形などと同様に、外枠のハンドルをドラッグするとグラフの大きさも変更できます。

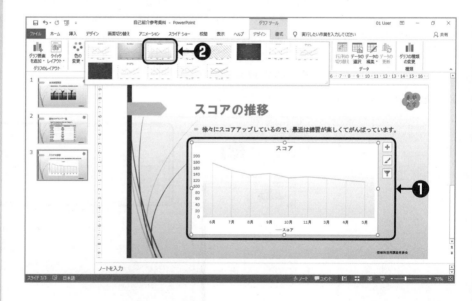

●グラフのレイアウトの変更

1. グラフのタイトル「スコア」の文字の最後をクリックして、「の推移」と入力します。
2. 凡例をクリックして選択し、**Delete**キーを押します。凡例が削除されます。
3. 縦軸の目盛の上でダブルクリックします。
4. [軸の書式設定]作業ウィンドウが表示されるので、[軸のオプション]の[境界値]の[最小値]ボックスに「80」と入力します。同様に[最大値]ボックスに「180」と入力します。折れ線の縦軸のレンジが80～180に変更されます。
5. [軸の書式設定]作業ウィンドウの右上の☒閉じるボタンをクリックして、作業ウィンドウを閉じます。

グラフタイトルの位置

グラフのタイトルは、標準では右の図のようにグラフ上部の中央に配置されます。位置を変更したい場合は、グラフのタイトルの外枠にマウスポインターを合わせて になったらドラッグして移動します。

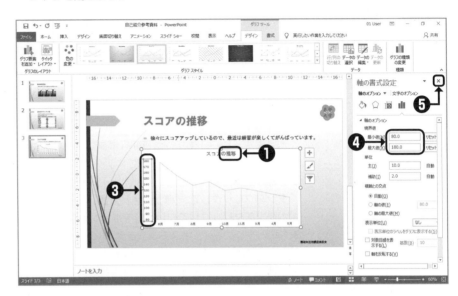

6. グラフを選択した状態で、グラフの右横に表示される[+]をクリックして、[データラベル]をポイントして表示される▶をクリックし、[上]をクリックします。データラベルが折れ線の上に表示されます。何もないところでクリックすると、ポップアップメニューが消えます。

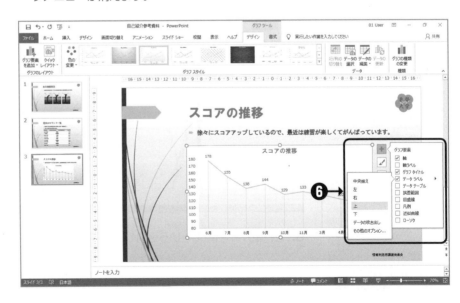

●グラフのフォントサイズの変更
1. データラベルのいずれかをクリックしてデータラベル全体を選択し、[ホーム]タブの 18 [フォントサイズ]ボックスの▼をクリックして、[18]をクリックします。データラベルのフォントサイズが変更されます。
2. 同様の操作で、グラフタイトルを20ポイント、縦軸の目盛と横軸の目盛を16ポイントに変更します。

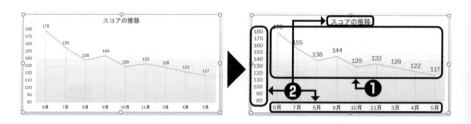

●グラフへの図形の追加
1. 目標の100に向かってスコアが改善されていることを強調するために、直線を書き加えます。[挿入]タブの [図形]ボタンをクリックし、[線]の [線]をクリックして、100の目盛りに合うようにドラッグして直線を書きます。
2. 直線が選択された状態で、[描画ツール]の[書式]タブの [図形の枠線] [図形の枠線]ボタンをクリックして、[標準の色]の[濃い赤]をクリックします。同様に[図形の枠線]ボタンをクリックして、[太さ]をポイントし、[2.25ポイント]をクリックします。
3. [挿入]タブの [テキストボックス]ボタンをクリックして、図を参考にテキストボックスを挿入し、「目標値」と入力します。
4. [目標値]のテキストボックスの外枠を選択して、フォントの色を[標準の色]の[濃い赤]に変更します。

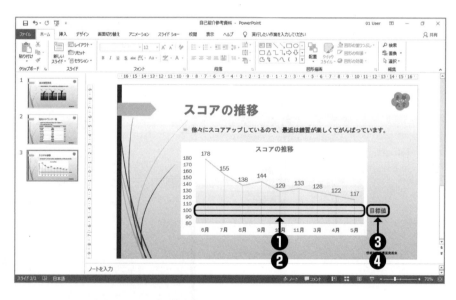

5. 「自己紹介参考資料」という名前で、[保存用]フォルダーに保存します。

活用

作成したグラフのスタイルは、これまで実習した編集の他にも[グラフツール]の[デザイン]タブ、[書式]タブにあるボタンなどを使って変更できます。

【[グラフツール]の[デザイン]タブ】

【[グラフツール]の[書式]タブ】

また、グラフ要素をダブルクリックすると右側に作業ウィンドウが表示されたり、グラフを選択したときに表示される右横の❶[グラフ要素]、❷[グラフスタイル]、❸[グラフフィルター]をクリックすると各種設定ができるポップアップメニューが表示されるので、そこでも変更できます。

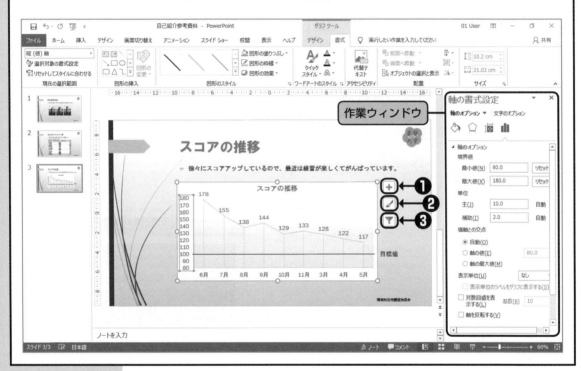

練習問題

 次の表を作成しましょう。

【完成図】

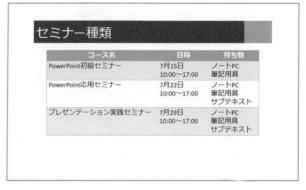

❶ファイル「L07_問題1」を開きましょう。
❷4行×3列の表を挿入し、完成図を参考に文字を入力しましょう。
❸表内の文字のフォントサイズを24ポイントに変更しましょう。
❹全体の列幅を調整して、セミナー名が折り返さずに表示されるようにしましょう。
❺表のスタイルを[中間スタイル1－アクセント2]に変更しましょう。
❻見出し行の文字の配置を中央揃えにしましょう。
❼「P-L07-01」という名前で、[保存用]フォルダーに保存しましょう。

 次のグラフを作成しましょう。

【データ】　　　　　　　　　　　【完成図】

❶ファイル「L07_問題2」を開きましょう。
❷3－D集合横棒グラフを挿入し、上記のデータをExcelワークシートに入力しましょう。
❸グラフのタイトルを「セミナー別受講者数」にしましょう。
❹グラフのレイアウトを編集します。凡例を削除し、データラベルを追加して、横軸ラベルとして「受講者数（人）」と追加しましょう。
❺グラフのスタイルを[スタイル9]に変更しましょう。
❻グラフのタイトルを24ポイント、それ以外のグラフ内の文字のフォントサイズを20ポイントに変更しましょう。
❼「P-L07-02」という名前で、[保存用]フォルダーに保存しましょう。

 Lesson1～6を通してあなたが作成しているファイル「練習_あなたの氏名」のプレゼンテーション資料で、表やグラフを使ってビジュアル化したほうがよい部分があれば、このレッスンで学んだテクニックを活用して作成しましょう。

Lesson 8 イメージを伝える イラスト・写真活用

訴求力の高いプレゼンテーション資料では、これまで学んできたように、論理的に整理されたストーリー構成で、チャートや表、グラフによるビジュアル表現やカラー化テクニックを上手に活用し、内容がわかりやすいことが重要です。これに加えて、理解や意思決定を早めるために効果があるのが、イメージの伝達です。聞き手が資料を見て興味を持ち、具体的なイメージを思い描くことができれば、理解も意思決定もしやすいでしょう。

このレッスンでは、聞き手の興味を引き付けたり具体的なイメージを伝える手段として、イラストや写真の活用を学びます。PowerPointの操作は、アイコン、イラスト、写真をスライドに挿入して目的に合わせて編集する方法を実習します。

キーワード
- □□イラストの使用ポイント
- □□写真の使用ポイント
- □□アイコン
- □□トリミング

このレッスンのポイント

▶ イラストで変化をつける
▶ 写真で具体的なイメージを伝える
▶ 内容に合ったアイコンを挿入する
▶ アイコンを編集する
▶ 内容に合ったイラストを貼り付ける
▶ イラストを編集する
▶ 内容に合った写真を貼り付ける
▶ 写真を編集する

完成例（ファイル名：08_自己紹介完成.pptx）

イラストで変化をつける

報告書などのビジネス文書は、文章や数値データだけで資料を構成することが多いですが、プレゼンテーション資料ではイラストを使用する場合があります。

●イラストの効果
イラストを上手に活用すると次のような効果を得られます。

■メッセージ内容の理解を助ける
メッセージ内容を象徴するイラストをメッセージとともに使用します。

チャートとイラストの組み合わせ
文字情報を整理してチャート化するだけでもかなりビジュアル化されますが、イラストと組み合わせるとさらにインパクトが強くなります。

■スライドに変化をつけて柔らかい印象にする
バランスに注意してワンポイントでイラストを使用します。

■スライドに変化をつけて親近感をもたらす
人物や動物のイラストにメッセージを語らせます。

プレゼンテーション全体を通して同じキャラクターを使う
プレゼンテーション資料の各部分で別の人物や動物を使うよりは、同じ人物や動物をイメージキャラクターとして使用したほうが一貫性があります。これは操作マニュアルなどでよく使われる手法です。

漫画的なイラストを使用する場合の注意

シリアスな内容のプレゼンテーションには合いません。また、シリアスな内容ではなくても、砕けた感じになるので好まない人もいます。ビジネスプレゼンテーションでは控えたほうが無難です。

● イラストの使用ポイント

「イラストを上手に使用するポイント」は次のとおりです。

■ 印象が近いもので揃える

漫画的なものやリアルなものなどバラバラではセンスよく見えません。印象が近いもので揃えると統一感が生まれます。

■ 内容に合ったものを使う

メッセージに合わないイラストはマイナスイメージです。内容に合ったものを検索して選びましょう。

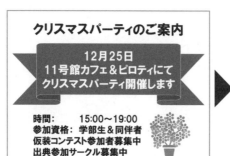

■ 信頼感を演出するにはリアルなものを使う

リアルなイラストのほうがきちんとした印象を与えます。

オンライン上の画像やイラストの挿入

[挿入]タブの[オンライン画像]ボタンをクリックして表示される[オンライン画像]ウィンドウで、[検索]ボックス(一番上にある枠)にキーワードを入れて検索すると、オンライン上にある画像やイラストを検索してスライドに挿入できます。ただし、それらの画像やイラストは著作権によって保護されており、使用許諾に関する取扱いが個々に異なります。

一定の条件によって使用許諾されているものを探しやすくするには、検索実行後に表示される[Creative Commonsのみ]チェックボックスをオンにします。さらに、画像挿入後に著作権に関する説明が挿入された場合は、その指示に従ってください。

写真で具体的なイメージを伝える

イラストでもある程度イメージは伝えられますが、写真、音声、動画などマルチメディアを活用すると、さらに具体的なイメージを印象付けられます。中でも最も手軽に利用できる写真は、積極的に取り入れましょう。

●写真の効果
写真を上手に活用すると臨場感が演出できます。イラストより写真で実物を見せたほうが、聞き手には具体的なイメージが強く伝わります。

●写真の使用ポイント
「写真を上手に使用するポイント」は次のとおりです。

■内容に合ったものを使う
イラストと同様に、内容にあったものであることは言うまでもありません。

■自分で撮れるものは自分で
写真素材よりも自分で実際に撮ったほうが臨場感があります。

■人物を含むものと含まないものを使い分ける
人物がいない写真は無機質で固いイメージになります。親近感や躍動感を演出したい場合は、人物を含む写真を使います。

自分で撮影した写真の品質
自分で撮影した写真は、思ったより明るすぎた、暗すぎたなど、不具合がある場合もあるでしょう。明るさの調整はスライドに貼ったあとに調整できるので、見栄えを整えるとよいでしょう。

内容に合ったアイコンを挿入する【操作】

PowerPointには、「アイコン」と呼ばれるマークが複数用意されています。伝えたいメッセージを象徴的に伝えるイラストとして便利です。
ここでは、内容に合ったアイコンをスライドに挿入する方法を実習します。

● PowerPointで用意されているアイコンの種類

アイコンの種類は、人物、テクノロジーおよびエレクトロニクス、コミュニケーション、ビジネス、分析、商業、教育、芸術、お祝い、顔、標識およびシンボル、矢印、インターフェース、自然およびアウトドア、動物、食品および飲料、天気と季節、場所、車両、建物、スポーツ、安全と正義、医療、工具および建築、自宅、アパレルの26種類です。

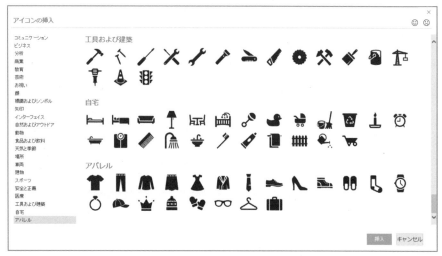

●アイコンの挿入

1. ファイル「08_自己紹介」の7枚目[終わりに]を表示します。
2. [挿入]タブの [アイコン]ボタンをクリックします。

3. [アイコンの挿入]ダイアログボックスで[食品および飲料]にあるナイフとフォークのアイコン、[スポーツ]にあるゴルフのアイコン、[車両]にある飛行機のアイコンをクリックして選択し、[挿入]をクリックします。
4. スライド中央に3つのアイコンが重なった状態で挿入されます。

アイコンのコピー
Ctrlキーを押しながらドラッグします。

●アイコンの移動

1. 挿入したアイコンを選択し、マウスポインターを合わせて になったらドラッグして任意の位置まで移動します。ここでは、図を参考に3つのアイコンを移動します。

●アイコンの拡大と縮小

1. 挿入したアイコンを選択します。
2. 四隅のハンドル（○）いずれかにマウスポインターを合わせて になったらドラッグし、任意の大きさにします。ここでは図を参考に、バランスに注意しながら3つのアイコンを拡大します。

拡大、縮小時の注意
四隅のハンドルではなく、各辺の中間にあるハンドルをドラッグして拡張すると、アイコンの縦横比が崩れるので注意してください。

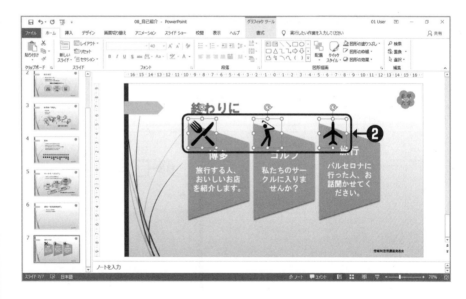

アイコンを編集する【操作】

挿入したアイコンは、塗りつぶしの色、枠線の色や形状などを変更できます。
スライドに合わせて編集する方法を実習します。

●アイコンの塗りつぶしの色の変更

1. 3つのアイコンを複数選択し、[グラフィックツール]の[書式]タブの ![グラフィックの塗りつぶし]
[グラフィックの塗りつぶし]をクリックして、[テーマの色]の[オレンジ、アクセント2、黒+基本色50％]をクリックします。指定した色に変わります。

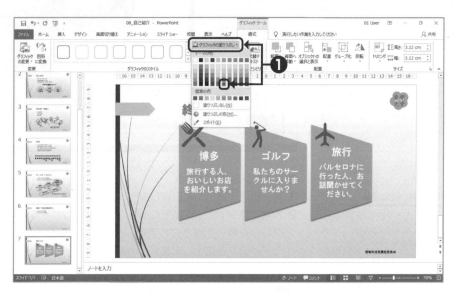

●アイコンの枠線の色の変更

1. 3つのアイコンを複数選択し、[グラフィックツール]の[書式]タブの ![グラフィックの枠線] [グラフィックの枠線]をクリックして、[テーマの色]の[白、背景1]をクリックします。指定した色に変わります。

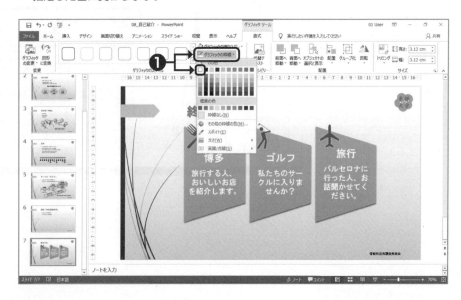

内容に合ったイラストを貼り付ける【操作】

PowerPointのスライドには、イラストや写真などのイメージ、動画、サウンドを挿入できます。
ここでは、内容に合ったイラストをスライドに貼り付ける方法を実習します。

●イラストの挿入
1. ファイル「08_自己紹介」の3枚目「出身地「博多」」を表示します。
2. [挿入]タブの [画像]ボタンをクリックします。

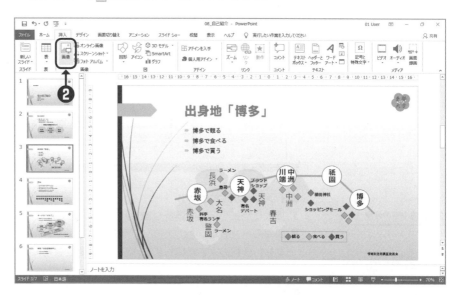

3. [図の挿入]ダイアログボックスでファイル「woman」をクリックして、[挿入]をクリックします。
4. スライド中央にイラストが挿入されます。

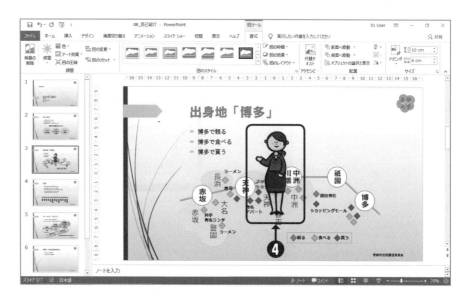

イラストのコピー
Ctrlキーを押しながらドラッグします。

●イラストの移動

1. 挿入したイラストを選択し、外枠にマウスポインターを合わせて になったらドラッグして任意の位置まで移動します。ここでは図を参考にスライドの右側に移動します。

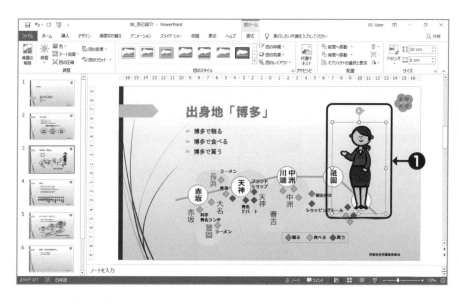

●イラストの拡大と縮小

1. 挿入したイラストを選択します。
2. 四隅のハンドル（○）いずれかにマウスポインターを合わせて になったらドラッグし、任意の大きさにします。ここでは図を参考に拡大します。

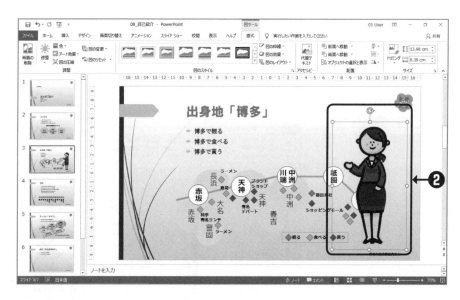

拡大、縮小時の注意
四隅のハンドルではなく、各辺の中間にあるハンドルをドラッグして拡張すると、イラストの縦横比が崩れるので注意してください。

イラストを編集する【操作】

挿入したイラストは、「トリミング」（一部を切り取ること）したり、色を変更できます。スライドに合わせて編集する方法を実習します。

●イラストのトリミング

1. イラストを選択し、[図ツール]の[書式]タブの [トリミング]ボタンをクリックします。
2. イラストの周囲が太い破線で囲まれるので下中央のハンドル（━）にマウスポインターを合わせて⊤になったらドラッグします。図を参考に下半分をトリミングします。
3. トリミングが完了したら、イラスト以外の部分をクリックして確定します。

トリミングの操作
四隅および各辺の中間にあるハンドルをドラッグして、上下左右から切り取りできます。トリミングは一時的に見えないようにしているだけで削除したわけではありません。再度トリミングで引き延ばすと、隠れていたイラストが表示されます。また、[トリミング]ボタンの▼をクリックすると、図形の形に合わせたり、縦横比を指定したトリミングなどが簡単に行うことができます。

トリミングした写真の圧縮
トリミングした部分を完全に削除するには、[図ツール]の[書式]タブの[図の圧縮][図の圧縮]ボタンをクリックして圧縮します。

濃色と淡色の種類
色の変更では、イラストの元の色に関係なく指定した色合いに変更できます。

●イラストの色の変更

1. イラストを選択し、[図ツール]の[書式]タブの [色]ボタンをクリックして、[色の変更]の[オレンジ、アクセント2（淡）]をクリックします。指定した色合いに変わります。

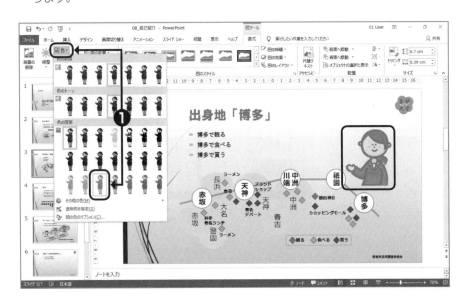

内容に合った写真を貼り付ける【操作】

デジタルカメラなどで撮影した写真ファイル（bmp形式、jpeg形式のファイルなど）は、[画像]ボタンによってPowerPointに貼り付けられます。

●写真ファイルの挿入
1. ファイル「08_自己紹介」の6枚目［趣味「世界遺産旅行」］を表示します。
2. ［挿入］タブの [画像]ボタンをクリックし、［図の挿入］ダイアログボックスでファイル「チェスキークルムロフ」をクリックして、［挿入］をクリックします。
3. スライドの中央に写真が挿入されます。

デジタルカメラで撮影した写真

解像度が高いほどファイル容量は大きくなります。スライドに貼り付けたときもスライドからはみ出すこともあるので、縮小して配置します。

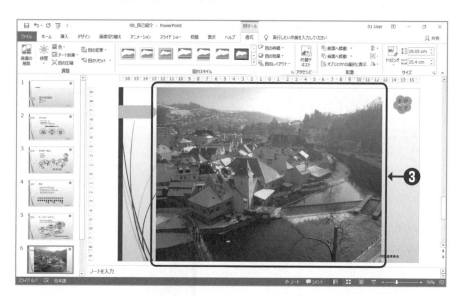

4. 同様の操作で、ファイル「プラハ」も挿入します。

●写真の縮小と移動

1. 挿入した写真を選択し、四隅のハンドル（○）いずれかにマウスポインターを合わせて になったらドラッグして縮小します。

2. もう1枚の写真も1.と同様の操作で縮小します。
3. 挿入した写真を選択し、外枠にマウスポインターを合わせて になったらドラッグして任意の位置まで移動します。ここでは図を参考に写真を移動して配置します。

写真のコピー
Ctrl キーを押しながらドラッグします。

写真を編集する【操作】

挿入した写真は、イラストと同様にトリミングしたり、スタイルなどの書式を変更できます。スライドに合わせて編集する方法を実習します。

●写真のトリミング
1. 左の写真を選択し、[図ツール]の[書式]タブの [トリミング]ボタンをクリックします。
2. 写真の周囲が太い破線で囲まれるので下中央のハンドル（━）にマウスポインターを合わせて┳になったらドラッグします。図を参考にトリミングします。
3. トリミングが完了したら、写真以外の部分をクリックして確定します。

活用

デジタルカメラで撮影した写真のようにファイル容量が大きい写真を何枚も貼り付けると、プレゼンテーションファイルの容量も大きくなります。容量を軽減するために、図の圧縮機能があります。圧縮したい画像を選択して[図ツール]の[書式]タブの [図の圧縮]ボタンをクリックして、[画像の圧縮]ダイアログボックスの[この画像だけに適用する]チェックボックスをオンにして（すべての画像を圧縮したい場合はオンにしない）[OK]をクリックします。

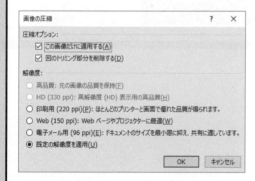

標準の圧縮の設定では、この操作によってトリミングで隠した部分を削除したり、解像度を変更できます。なお、圧縮の設定を変更したい場合、[画像の圧縮]ダイアログボックスの[解像度の選択]で設定します。

写真のスタイル

写真のスタイルには、立体感を出すための影や3-D、周囲のぼかしなどを組み合わせた28通りのパターンが用意されています。

●写真のスタイル変更

1. 2つの写真を選択し、[図ツール]の[書式]タブの[図のスタイル]の [その他]ボタンをクリックして、[四角形、背景の影付き]をクリックします。

2. 「08_自己紹介」という名前で、[保存用]フォルダーに保存します。

活用

写真の書式は、[図ツール]の[書式]タブにあるボタンなどを使って変更することができます。

【[図ツール]の[書式]タブ】

解説した機能以外で、主なものは次のとおりです。

- ・背景の削除　　不要な部分を削除します。削除する範囲は調整できます。
- ・修正　　　　　シャープネス、明るさ/コントラストを調整します。
- ・色　　　　　　写真の色合いを変更します。
- ・アート効果　　アート効果を追加してスケッチや絵画のように見せます。
- ・図のリセット　この写真に行った書式変更をすべてキャンセルして元に戻します。

これらの機能を使うと、画像編集用の専用ソフトウェアを持っていなくても、PowerPoint上である程度の編集ができます。

練習問題

内容に合ったイラストを貼り付けましょう。

【完成例】

1. ファイル「L08_問題1」を開きましょう。
2. 観る、食べる、買うというキーワードのイメージに合うイラストとして、ファイル「観光」、「レストラン」、「ショッピング」を貼り付けましょう。
3. イラストの位置、大きさを調整しましょう。
4. 3つのイラストのスタイルを[四角形、面取り]にしましょう。
5. 「P-L08-01」という名前で、[保存用]フォルダーに保存しましょう。

内容に合ったイラストを貼り付けましょう。

【完成例】

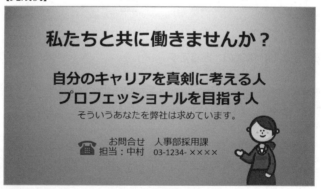

1. ファイル「L08_問題2」を開きましょう。
2. 親切な採用担当者のイメージに合うイラストとして、ファイル「woman」を貼り付けましょう。
3. イラストの位置、大きさを調整し、完成例を参考にトリミングしましょう。
4. 問い合わせ先の電話番号を象徴するアイコンとして、[コミュニケーション]の電話のアイコンを挿入しましょう。
5. 完成例を参考に、アイコンの位置、大きさを調整し、塗りつぶしの色を[青、アクセント1、黒+基本色50%]にしましょう。
6. 「P-L08-02」という名前で、[保存用]フォルダーに保存しましょう。

Lesson1～7を通してあなたが作成しているファイル「練習_あなたの氏名」のプレゼンテーション資料で、イラストや写真を使って具体的なイメージを伝えたい部分があれば、このレッスンで学んだテクニックを活用して作成しましょう。

Lesson 9 発表で魅せるアニメーション

アニメーションとは、スライドに書いてある文字や図形などに対して動きを設定する機能です。スライドに動きをプラスすることで、ポイントを強調し、聞き手の注目を集めることができます。
このレッスンでは、アニメーションの目的と使用ポイント、内容にマッチしたアニメーションを選択するコツを学びます。PowerPointの操作は、プレゼンテーションで使用頻度が高いアニメーション活用例を取り上げて設定方法を実習します。

キーワード
- アニメーションの種類
- アニメーションの使用ポイント
- アニメーションの効果
- アニメーションの設定
- アニメーションの強調効果
- 変形
- スライドを切り替える動き

このレッスンのポイント

▶ アニメーションの効果を理解する
▶ 内容にマッチしたアニメーションを選択する
▶ 箇条書きを説明順に表示する
▶ 図形を説明順に表示する
▶ 強調したい部分の色を変える
▶ 画面切り替えの動きで印象づける

完成例（ファイル名：09_自己紹介完成.pptx）
箇条書きが1行ずつ表示されるアニメーション

図形が順番に表示されるアニメーション

図形の塗りつぶしの色が変化するアニメーション

アニメーションの効果を理解する

アニメーションは非常に多くの種類が用意されており、組み合わせも自由自在ですが、むやみに使うと逆効果です。アニメーションの目的や活用のコツを学んで効果的に使いましょう。

●アニメーションの種類
「アニメーションの種類」には、次のようなものがあります。

■開始効果（今ないものを表示する動き）
■強調効果（今あるものを強調する動き）
■終了効果（今あるものを非表示にする動き）
■アニメーションの軌跡効果（今あるものを指定した軌跡に沿って移動する）

効果の分類
アニメーションの効果は、開始効果、強調効果、終了効果ともに、動きの印象によってタイトルを付けて分類されています。ベーシック、あざやか、控え目、はなやか、といった具合です。ビジネスプレゼンテーションの場合、あまり派手な動きは逆効果になるので注意しましょう。

【[アニメーションの追加]ボタン】

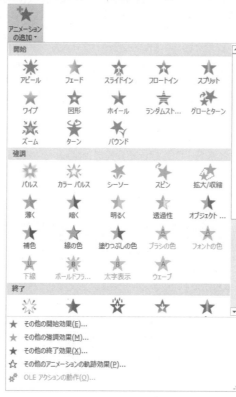

【開始効果】

【強調効果】

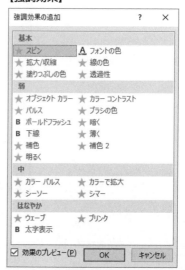

アニメーションの軌跡

アニメーションの軌跡は、ベーシック、線と曲線、特殊に分類されています。線と曲線を使うと、自分が思うとおりの軌跡を線や曲線で設定できます。

【終了効果】

【アニメーションの軌跡効果】

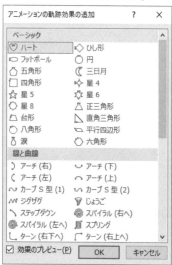

●アニメーションの効果

アニメーションを上手に使うと、次のような効果を得られます。

■メッセージ内容の理解を助ける。
■ポイントを強調する。

開始効果、終了効果、アニメーションの軌跡によって話の順序をわかりやすくしたり、強調効果によって今話している部分に注目させて訴求力を高めます。

●アニメーションの使用ポイント

楽しませる目的のプレゼンテーションでは効果的な動きも、ビジネスなどシビアな場面ではマイナスイメージになる場合があります。次の点に注意して使いましょう。

■目的に合わせて、必要な部分だけ設定する。
■説明内容やチャートの形に合ったアニメーションを選択する。
■原則として、ビジネスシーンでは派手な動きは使わない。
■原則として、文字や文字を含むチャートは速度を速く設定する。
■原則として、文章を1文字ずつ表示するアニメーションは控える。

過剰にアニメーションを使用すると、聞き手が煩わしく感じるおそれがあります。目的を持って必要な部分にだけ使いましょう。図形が回転したり大きく伸び縮みする、読みたいキーワードの表示スピードが遅い、文章が1文字ずつパラパラ表示される、といった動きは、聞き手のストレスになりますのでお勧めできません。

内容にマッチしたアニメーションを選択する

「アニメーションの効果」を高めるには、内容にマッチした動きを選ぶことが大切です。内容とは、メッセージ内容やキーワードの構造、チャートの形を指します。
次のような例で考えてみましょう。

●箇条書きを説明順に表示

箇条書きを説明順に表示するアニメーションは、話の順序がわかりやすく、聞き手の理解を助けると同時に、今どこを説明しているかわかるのでポイントの強調効果もあります。
次の例では、箇条書き部分に[開始効果]の[スライドイン]を設定しています。

スライドインする方向の設定

開始効果のスライドインでは、方向を設定できます。上下左右いずれから表示するようにしたら見やすいか、プレビューで確認して設定します。

●図形を説明順に表示

箇条書きの場合と同様に、図形も説明順に表示すると、話の順序がわかりやすくポイントの強調にもなります。
次の例では、ホームベースをStep1から順番に表示しています。[開始効果]の[ライズアップ]を設定することで、上方向へ向かって成長のイメージを強調する動きになります。

●強調したいところの色の変更

話しの流れに合わせて、強調したいところの色を変えると聞き手の注目を集めることができます。箇条書きの例のように順番に表示するのも効果的ですが、始めからすべて表示した状態で順番を示すには、色を変える方法を使います。
次の例では、循環のチャートで説明順に[強調効果]の[塗りつぶしの色]を設定しています。

塗りつぶしの色の変更

強調効果の塗りつぶしの色の変更では、図形の塗りつぶしの色を変更できます。ただし、アニメーション実行後に文字が読みにくくならないように、変更後の塗りつぶしの色とフォントの色のバランスを確認します。

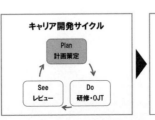  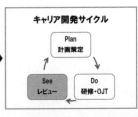

●チャートの形に合わせた動きの追加

チャートの形によって合う動き、合わない動きもあります。
次の例では、中央から周囲に拡散するチャートの形に合わせて、アニメーションの動きも中央から広がるように、[開始効果]の[ズーム]を設定しています。

●話の流れに合わせたオブジェクトの移動

オブジェクトの動きによって理解を助ける方法もあります。
次の例では、受講申込〜受付の流れに沿って、申込書が受講者→上司→教育部と受け渡されていく様子を、「申込書」と書かれた図形の動きで表現するように、[アニメーションの軌跡効果]の[直線(右へ)]を設定しています。

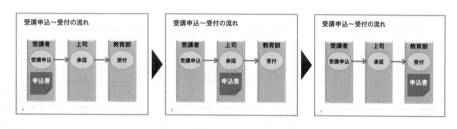

箇条書きを説明順に表示する【操作】

プレースホルダー内の箇条書きの文字列は、段落単位、行単位にアニメーションを設定できます。説明に合わせて箇条書きが順番に表示されるのが自然です。
箇条書きに階層構造がある場合、どこまでを1つの固まりとして文字を動かすかは、[効果のオプション]ダイアログボックスの[テキストアニメーション]タブで設定できます。

●文字列への開始効果の設定

1. ファイル「09_自己紹介」の6枚目[趣味「世界遺産旅行」]を表示します。
2. 「これまで行った世界遺産」の右端をクリックして改行し、「プラハ、チェスキークルムロフ」と箇条書きを追加します。
3. 追加した箇条書きの行頭文字のあたりをポイントし、マウスポインターが✥になったらクリックして行を選択し、**Tab**キーを押します。箇条書きが第2レベルに変更されます。
4. 2.～3.と同様の操作で、「これから行きたい世界遺産」のあとに「スペイン、ガウディ遺跡」の箇条書きを追加します。

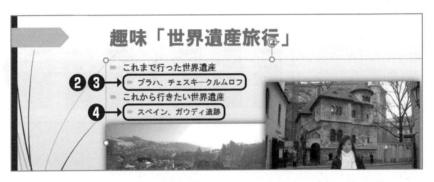

5. [アニメーション]タブの [アニメーションウィンドウ] [アニメーションウィンドウ]ボタンをクリックします。アニメーションウィンドウが画面の右側に表示されます。
6. 箇条書きが入力されているプレースホルダーを選択します。
7. [アニメーション]タブの [アニメーションの追加]ボタンをクリックし、[開始]の[スライドイン]をクリックします。
8. 方向は[下から]、継続時間は[0.5秒（さらに速く）]が自動的に設定されたスライドインのアニメーションになり、動きが自動プレビューされます。

目的の開始効果が表示されない場合

[アニメーションの追加]ボタンをクリックして表示される[その他の開始効果]をクリックします。[開始効果の追加]ダイアログボックスが表示されるので、任意の効果を選択します。強調効果、終了効果、アニメーションの軌跡効果でも同様です。

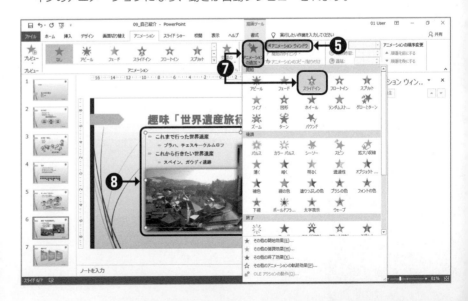

●アニメーションの設定の変更

1. [アニメーション]タブの[効果のオプション]ボタンの▼をクリックして、[左から]をクリックします。アニメーションの動きがプレビューされ、左からスライドインします。
2. アニメーションウィンドウの[1 コンテンツプレースホルダー]の▼をクリックして、[効果のオプション]をクリックします。
3. [スライドイン]ダイアログボックスが表示されるので、[テキストアニメーション]タブをクリックし、[グループテキスト]ボックスの▼をクリックして[第2レベルの段落まで]をクリックします。
4. [OK]をクリックします。アニメーションの動きが自動プレビューされ、左から1行ずつスライドインします。
5. 画面右下に表示されている[スライドショー]ボタンをクリックします。スライドショーでの動作が確認できます。確認し終わったら**Esc**キーを押します。

アニメーションの自動プレビュー
自動プレビューされない場合は、[アニメーション]タブの[プレビュー]ボタンの▼をクリックし、[自動プレビュー]をクリックしてチェックをオンにします。

その他のスライドショーの実行方法
Shift+**F5**キーを押します。

スライドショーの中断
Escキーを押します。

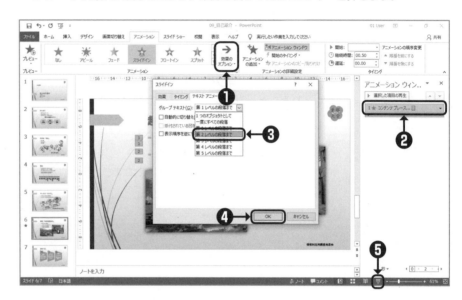

活用

一度設定したアニメーションは、あとから違う動きに変更できます。アニメーションウィンドウで対象となるアニメーションを選択し、[アニメーション]タブの[アニメーション]の[その他]ボタンをクリックして表示されるメニューから任意の効果を選択します。

図形を説明順に表示する【操作】

スライドに挿入した図形にもアニメーションが設定できます。図形で作成したチャートに「アニメーションの設定」をして動きをプラスしましょう。

●図形への開始効果の設定

1. ファイル「09_自己紹介」の2枚目[はじめに]を表示します。
2. 3つの円を囲うように、左上から右下までドラッグして複数選択します。
3. [アニメーション]タブの[アニメーションの追加]ボタンをクリックし、[開始]の[ズーム]をクリックします。
4. 方向は[オブジェクトの中央]、継続時間は[0.5秒(さらに速く)]が自動的に設定されたズームのアニメーションになり、動きが自動プレビューされます。

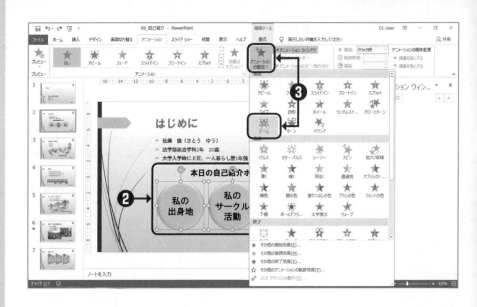

●アニメーションの設定の変更

1. アニメーションウィンドウの[円/楕円4:…]、[円/楕円5:…]、[円/楕円6:…]を複数選択し（アニメーション設定直後は選択されています）、右端の▼をクリックして[クリック時]をクリックします。

2. [円/楕円4:…]、[円/楕円5:…]、[円/楕円6:…]の左側にマウスマーク（🖰）が表示され、クリックするたびに1つずつ表示されるアニメーションになります。

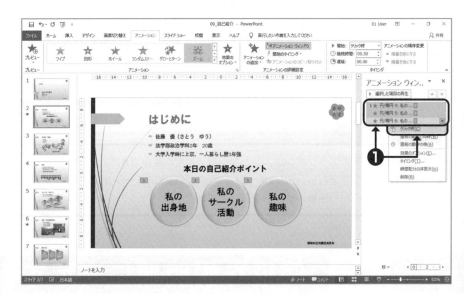

設定済みのアニメーションの複数選択の方法

設定済みのアニメーションを複数選択する場合、**Ctrl**キーを押しながら目的のアニメーションをクリックします。

マウスマークが表示されない場合

アニメーションウィンドウの幅のサイズによってマウスマークが表示されない場合があります。ウィンドウの幅を広げるか、アニメーションの設定を選択して▼をクリックし、[時間配分の非表示]をクリックすると表示されます。

強調したい部分の色を変える【操作】

「アニメーションの強調効果」を使うと、聞き手の注目を集めるために強調したい部分(文字の色や図形の塗りつぶしの色など)の色を変更できます。

●図形への強調効果の設定

1. ファイル「09_自己紹介」の5枚目[サークル「ゴルフ」]を表示します。
2. 右側のホームベースの図形をクリックして選択します。
3. [アニメーション]タブの [アニメーションの追加]ボタンをクリックし、[強調]の[塗りつぶしの色]をクリックします。
4. [開始]ボックスは[クリック時]、効果のオプションは[オレンジ]、継続時間は[2秒(普通)]が自動的に設定された塗りつぶしの色のアニメーションになり、動きが自動再生されます。

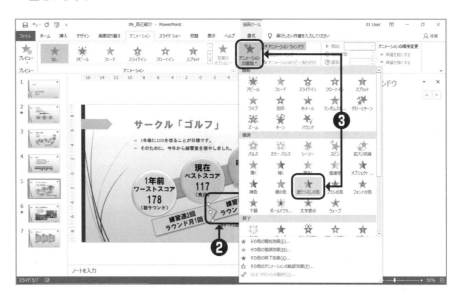

5. [継続時間]ボックスの▼をクリックして、[00.50](0.5秒)にします。

127

画面切り替えの動きで印象づける【操作】

プレゼンテーション資料をスライドショーで表示するときに、「スライドを切り替える動き」を設定できます。

さらに、PowerPoint 2019の新機能「変形」を使うと、文字、図形、画像、SmartArtグラフィック、ワードアート、グラフなどの位置、色、形などを変えながらスライドを切り替える高度な動きが、簡単に設定できるようになりました。前のスライドと次のスライドに共通のオブジェクトがあると、自動的に同じものだと判別して動きを設定してくれます。話の流れを印象付けながらスライドショーを進めるのに役立ちます。

●画面切り替えの設定

1. ファイル「09_自己紹介」の1枚目（表紙スライド）を表示します。
2. [画面切り替え]タブの[画面切り替え]の▼[その他]ボタンをクリックして[フェード]をクリックします。画面切り替えがプレビューされます。
3. [画面切り替え]タブの [すべてに適用]ボタンをクリックします。すべてのスライドの切り替え時に同じ動きが設定されます。

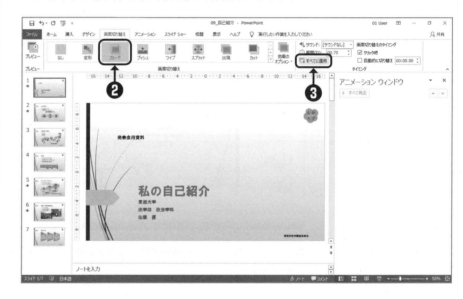

画面切り替えの種類

画面切り替えの動きは、弱、はなやか、ダイナミックコンテンツの3種類に分類されています。なかには派手な動きもありますが、アニメーションと同様にむやみに派手な動きを多く設定するのはよい印象を与えません。特に強調したい部分に、動きを追加するという方法もあります。

活用

画面切り替えは、標準ではクリック時に切り替わる設定になっていますが、自動的に切り替えることもできます。[画面切り替え]タブの[自動的に切り替え]チェックボックスをオンにして、右側のボックスに時間を設定します。

●変形を使った高度な画面切り替えの設定
1. ファイル「09_自己紹介」の2枚目[はじめに]を表示します。
2. [ホーム]タブの [新しいスライド]ボタンの▼をクリックして、[タイトルのみ]をクリックします。新しいスライドが3枚目に追加されます。

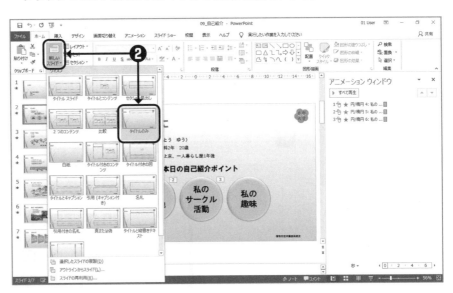

3. 3枚目のスライドタイトルに「本日の自己紹介ポイント」と入力します。
4. 2枚目[はじめに]を表示して、スライド下部に書いてある3つの円を複数選択して[ホーム]タブの [コピー]ボタンをクリックします。
5. 3枚目[本日の自己紹介ポイント]を表示して、[ホーム]タブの [貼り付け]ボタンをクリックします。3つの円がスライドに貼り付けられます。

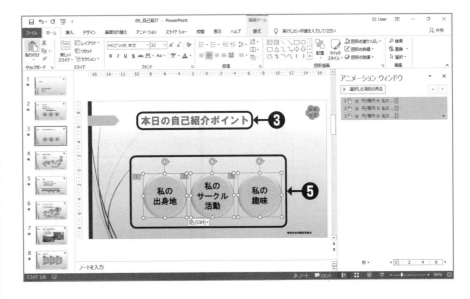

6. アニメーションウィンドウの[円/楕円4：…]、[円/楕円5：…]、[円/楕円6：…]を複数選択し、Deleteキーを押して削除します。アニメーションウィンドウを閉じます。
7. 3つの円を複数選択して、[ホーム]タブの 18 [フォントサイズ]ボックスの▼をクリックして[24]をクリックします。
8. 3つの円を複数選択して、いずれかひとつの円の任意の四隅のハンドル(○)いずれかにマウスポインターを合わせて になったらドラッグして、図を参考に円の大きさを縮小します。
9. 3つの円を複数選択して、[ホーム]タブの [図形の塗りつぶし][図形の塗りつぶし]ボタンの▼をクリックして、[テーマの色]の[オレンジ、アクセント2]を選択します。

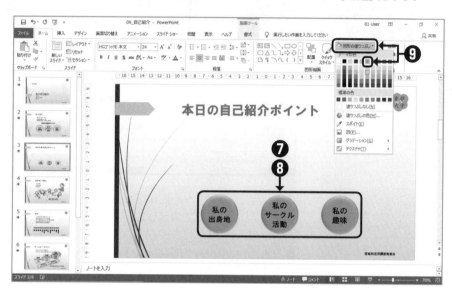

10. 図を参考に、3つの円をドラッグして移動し、位置を変更します。

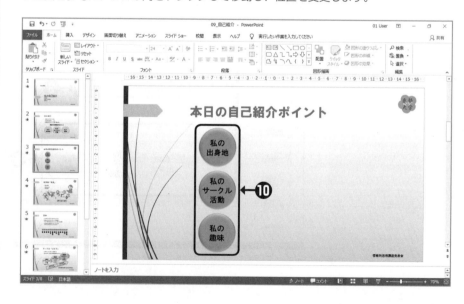

11. [挿入]タブの [テキストボックス]ボタンをクリックして「博多を紹介します。」と入力します。同様の操作で「ゴルフサークルを紹介します。」、「世界遺産旅行を紹介します。」と入力します。
12. 3つのテキストボックスを複数選択して、[ホーム]タブの [フォントサイズ]ボックスの▼をクリックして[28]をクリックし、図を参考に位置を調整します。

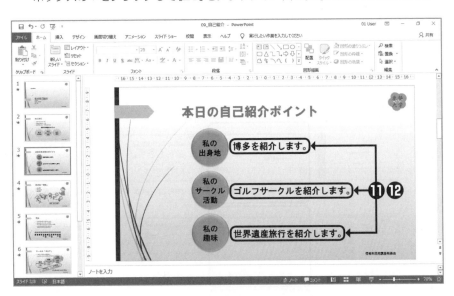

13. [画面切り替え]タブの[画面切り替え]グループの[変形]をクリックします。スライドに変形の画面切り替えが設定されて、前スライドからの動きが自動プレビューされます。

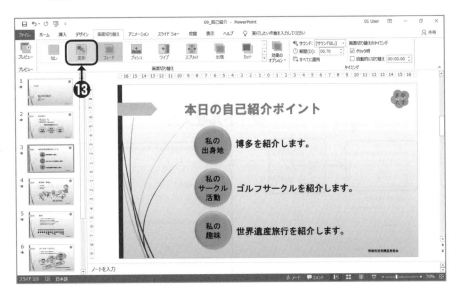

14. [09_自己紹介]という名前で、[保存用]フォルダーに保存します。

活用

話の流れを印象付けながらスライドショーを進めるために役立つその他の機能として、PowerPoint 2019から追加されたズームという機能があります。[挿入]タブの[ズーム]ボタンをクリックし、[サマリーズーム]をクリックして表示される[サマリーズームの挿入]ダイアログボックスで、各セクション（話の大きなかたまり）の最初のスライドを指定して[挿入]をクリックすると、スライドの画像を並べたビジュアルなサマリーズームスライドが作成されます。

【サマリーズームの例】

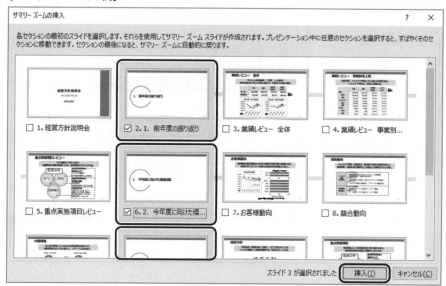

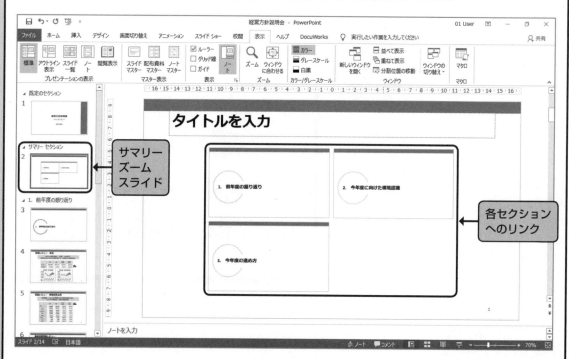

スライドショー中にサマリーズームスライドの任意のセクションをクリックすると、そのセクションに移動できます。セクションの最後まで表示し終わると、自動的にサマリーズームスライドに戻ります。

ズームには、サマリーズームの他に、任意のスライドに指定したセクションへのリンクを作成するセクションズーム、任意のスライドに指定したスライドへのリンクを作成するスライドズームがあります。

練習問題

次のアニメーションを設定しましょう。

【完成例】

1. ファイル「L09_問題1」を開きましょう。
2. 観る、食べる、買うというキーワードの3つの円と、それぞれを表すイラストにアニメーションの[開始効果]の[ズーム]を設定しましょう。
3. 完成例を参考に、クリックするたびに左から順番に円とイラストがワンセットで同時にズームするように、タイミングを変更しましょう。
4. スライドショーを実行して動作を確認しましょう。
5. 「P-L09-01」という名前で、[保存用]フォルダーに保存しましょう。

ヒント：円とイラストをワンセットで同時にズームさせる方法は2通りあります。
　　　　1つ目は上記手順にあるようにタイミングを調整する方法です。

①すべてを選択して[開始効果]の[ズーム]を設定する。
②3つの円のタイミングを[クリック時]にする。
③3つのイラストのタイミングを[直前の動作と同時]にする。
④円、イラスト、円、イラスト、円、イラスト、と順番に並べる。

もう1つは、アニメーションを設定する前に同時に動かしたいオブジェクトをグループ化しておく方法です。

①「観る」とイラストを囲うように左上から右下へドラッグして複数選択し、右クリックしてショートカットメニューの[グループ化]をポイントして[グループ化]をクリックする。
②「食べる」とイラスト、「買う」とイラストも同様にグループ化する。
③3つのグループにアニメーションの[開始効果]の[ズーム]を設定する。

次のアニメーションを設定しましょう。

【完成例】

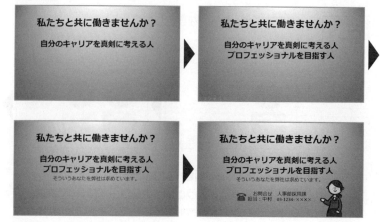

1. ファイル「L09_問題2」を開きましょう。
2. クリックするたびに「自分のキャリアを真剣に考える人」から順番に1行ずつ表示されるように、アニメーションの[開始効果]の[ディゾルブイン]を設定しましょう。
3. 「お問合せ　人事部採用課…」と同時にスライド下部の人のイラストと電話のアイコンが表示されるように、人のイラストに[開始効果]の[フロートアップ]、電話のアイコンに[開始効果]の[ディゾルブイン]を設定しましょう。
4. スライドショーを実行して確認しましょう。
5. 「P-L09-02」という名前で、[保存用]フォルダーに保存しましょう。

 Lesson1〜8を通してあなたが作成しているファイル「練習_あなたの氏名」のプレゼンテーション資料で、アニメーションを使うと効果的な部分があれば、このレッスンで学んだテクニックを活用して設定しましょう。

Lesson 10 自信を高める万全な準備

説明内容を伝えるためのプレゼンテーション資料が完成しても、準備完了ではありません。当日、自信を持ってプレゼンテーションを行うためにも、十分な準備を行いましょう。
このレッスンでは、当日までに抜け漏れなく十分な準備をするためのポイントを学びます。PowerPointの操作は、準備に役立つ機能としてノート機能、リハーサル機能、配布資料作成を実習します。

キーワード
- □□準備チェックリスト
- □□キーパーソン
- □□トーク内容の作成
- □□時間配分
- □□リハーサルのポイント
- □□ノート
- □□リハーサル機能
- □□配布資料の印刷

このレッスンのポイント
▶ 準備チェックリストを作成する
▶ トーク内容や時間配分を決める
▶ リハーサルする
▶ ノートにトークを記入する
▶ リハーサル機能で練習する
▶ 配布資料を印刷する

完成例（ファイル名：10_自己紹介完成.pptx）

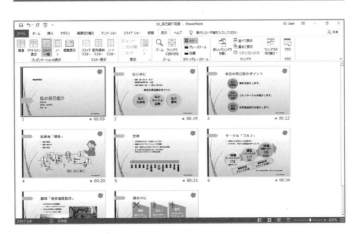

準備チェックリストを作成する

プレゼンテーション当日に100％力を出し切るためには、事前準備が欠かせません。最も基本的なことは、持ち物や事前確認事項を抜け漏れなく洗い出してチェックすることです。その際、「準備チェックリスト」のようなものを作成しておくと効果的です。
一般的なチェックポイントは次のとおりです。

【持ち物】
・機材
・配布資料
・参考資料

【確認事項】
・参加予定者
・実施環境

●機材
プレゼンテーションに使用するパソコン、プロジェクター、電源タップ、指示棒、ポインター、ホワイトボードなど、使用する機材をリストアップして用意します。特に、初めて使用する場所の場合は、必要なものが揃っているか確認しましょう。

●配布資料
配布資料を必要部数印刷して用意します。急な人数変更にも対応できるように、多めに用意しておけば安心です。メインで配布する資料の他、当日の質疑応答などの様子を見て必要に応じて配布するものがあれば、それも用意します。

●参考資料
発表者が、質疑応答対応のために持っておくデータなど参考資料があれば準備します。結果的には使用しなくても、いざというときにはそれを見れば回答できる、と思えると自信を持って話せます。

備品忘れに注意
持参するものは、備品も揃っているか確認しましょう。たとえば、パソコンは持参したのにACアダプタを忘れてバッテリー切れになったとか、プロジェクターを持参したのにパソコンとの接続ケーブルを忘れたとか、ケーブルが短かったなど、失敗した経験はありませんか？ また、電池が必要なものは、予備の電池を持っていると万全です。

参加者の調整

ビジネスプレゼンテーションで重要な提案の場合、同行者の役職にも注意する必要があります。たとえば、お客様は社長以下役員が揃って参加するのに、プレゼンテーションする側は若い営業1人だけ、というわけにはいかないケースもあります。双方の会社の規模の違いがあるにせよ、お客様に敬意を払う意味でも、少なくともその提案内容について責任を持つマネージャー（管理職）が同行する必要があるかもしれません。社会人であれば、迷ったら上司に相談しましょう。

●参加予定者

配布資料を用意するためにも、参加人数と主な参加者を確認します。「キーパーソン」（役職者など決裁権を持つ人や、現場のリーダー的な存在で影響力のある人）のチェックも重要です。また、プレゼンテーションを行う側も、同行者がいる場合があります。予定した同行者が確実に行けるかもチェックします。

なお、参加予定者は直前に急に変わることがあります。直前（前日など）に最終確認をしましょう。

●実施環境

プレゼンテーションを実施する場所の状況を確認します。特に、大きな会場で行う場合は、音響、照明や機材、備品、机の配置、収容人数、コンセントの位置など、確認します。それによって、持ち物や事前準備が追加になる場合があるからです。

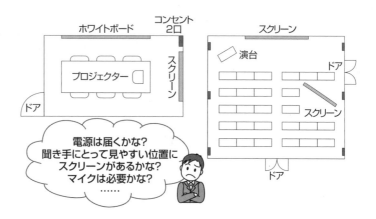

これらのチェックポイントは、人によって違います。社会人であれば仕事の内容によっても違うでしょう。自分なりのチェックリストを作成して、いつもそのリストを基準に考えると抜け漏れを防げます。次のページにチェックリストの例を紹介します。

事前準備チェックシート

お客様名	
開催日時	
場所	
プレゼンテーマ	
発表者	
持ち物	☐ プロジェクター（持参 or 現地） ☐ パソコン　　（持参 or 現地） 　　OS・必要ソフト（　　　　　　　　　　　　　） ☐ デジタルカメラ・ビデオ機材（要 or 不要） ☐ 接続ケーブル・電源タップ ☐ マイク（有 or 無） ☐ 指示器具（指示棒 or ポインター） ☐ 配布資料　（事前搬入　要 or 不要）納期： 　　部数　（　　　）部 ☐ 名刺 ☐ プレゼン資料バックアップデータ ☐ 参考資料類（事前調査資料など）
確認事項	☐ 参加人数　（　　　　　）名様程度 ☐ お客様側キーパーソン・主な参加者 ☐ 会場の広さ・スクリーン位置・机配置など ☐ ネット環境（要 or 不要） ☐ 通訳　　　（要 or 不要） ☐ 参加予定者リスト（有 or 無） ☐ 自社側同行者（要・支援依頼者など）
特記事項 直前確認など	

トーク内容や時間配分を決める

発表資料が完成したら、与えられた時間内で説明したいことが十分伝えられるように、トーク内容と時間配分を決めます。このとき注意することは、「全体のストーリーの中で何が大切なメッセージで、それを聞き手に十分に伝えるためには何をじっくり説明する必要があるか？」ということです。プレゼンテーションを企画するときに整理したことをもう一度思い出してみましょう。聞き手の身になって何が聞きたいか考えて、そのニーズに応えながらプレゼンテーションの目的を達成できるように、トーク内容や時間配分を心がけます。

「トーク内容の作成」は、話し言葉でトークを作りこむ方法と、おおよその説明ポイントを箇条書きレベルで整理する方法があります。重要なプレゼンテーションなら、話し言葉でトークを作ってみて、時間配分をチェックしたり話す練習をするとよいでしょう。そこまで作成する時間がないときでも、少なくともスライド単位での説明ポイントはしっかり整理します。

「時間配分」は、細かく設定しても思いどおりに進まないことがありますので、およその目安を決めるとよいでしょう。たとえば、30分のプレゼンテーションなら、10分でどこまで、20分でどこまで、と目安を覚えておきます。

目安の決め方
右の例では、10分間隔で目安をおいていますが、これは時間で区切るというより話の切れ目で区切るイメージです。このテーマについては10分、次のテーマは5分、最後は5分、質疑応答10分、というように内容でくくって目安を決めましょう。

そうしておけば、プレゼンテーション実施途中で、時間どおりに進んでいるのか、チェックできます。目安に対して遅れ気味だったり早すぎたりした場合は、そのあとのトークで調整します。

時計の位置
プレゼンテーション実施中にあからさまに時計を見ながら話すのは、落ち着かない印象になります。さりげなく時間を確認できるように時計の位置を確認しておきます。部屋に時計がない場合は、視界に入るところに腕時計を置くなどの工夫をしましょう。

リハーサルする

プレゼンテーションの準備の中で最も重要なのがリハーサルです。トーク内容や時間配分の目安を決めたら、そのとおりに発表できるように練習します。頭の中でいくら考えても、実際に話してみないと計画どおりにできるかわかりません。
なお、プレゼンテーションで、与えられた時間をオーバーするのはルール違反です。熱心に話すあまり時間配分を間違えて、重要なことを伝えきらずにタイムオーバーにならないように、時間内でしっかり話す練習をしましょう。
「リハーサルをするときのポイント」は次のとおりです。

■声に出して練習する。
■当日の環境にできるだけ近い状況で練習する。
■人に見てもらう。

●声に出して練習する
実際に話してみることをお勧めします。頭の中で何度も繰り返すより、声に出して1回話すほうが数段高い効果があります。トークをすべて暗記しなくてもよいですが、伝えたいことがスムーズに言葉にできるようになるまで練習しましょう。

●当日の環境にできるだけ近い状況で練習する
必ずしも同じ環境で練習できるとは限りませんが、同じくらいの広さのところで練習したり、立って話す場合は練習時も立つなど、近い状況で練習します。

●人に見てもらう
ある程度練習したら、人に見てもらうとよいでしょう。本番のつもりで予定時間どおりにリハーサルします。リハーサルの聞き手には、当日の聞き手の立場になって聞いてもらい、アドバイスをお願いしましょう。トーク内容や時間配分、話し方、姿勢や動きなど、自分では改善点に気がつかないことが案外多いものです。

いかがでしょうか？
こうしてしっかり準備することで、自信を持って当日を迎えることができます。

ノートにトークを記入する【操作】

PowerPointには、「ノート」と呼ばれるメモ書きができる領域があります。ノートは、スライドショーを実行して聞き手に見せるときには表示されませんが、標準表示モードやノート表示モードにすると見たり編集したりできます。必要に応じて印刷もできるので、発表者が念のため手元に持っておく資料として印刷してもよいでしょう。
ここでは、ノートの入力方法と印刷方法を実習します。

●ノートの入力
1. ファイル「10_自己紹介」を開きます。
2. [表示]タブの  [ノート]ボタンをクリックします。ノート表示モードに切り替わります。
3. [テキストを入力]をクリックして、表紙で話すポイントを入力します。ここでは次のように入力します。なお、姓名の間にはスペースキーで全角スペースを入力しています。

法学部政治学科の佐藤　優です。**Enter**キー
本日は、自己紹介のプレゼンテーションをします。**Enter**キー
よろしくお願いいたします。

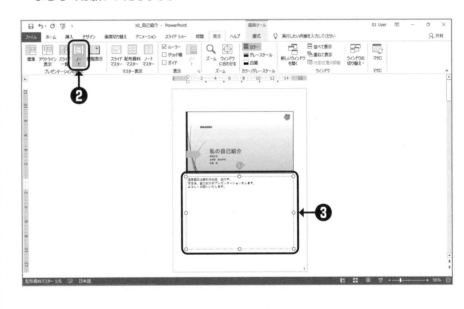

標準表示モードでのノートの入力

標準表示モードでもノートに入力できます。画面下部の[ノートを入力]をクリックして入力します。この領域をノートペインと呼びます。ノートペインを広げるには、スライドが表示されている領域(スライドペイン)との境界線をドラッグします。

● ノートの印刷
1. [ファイル]タブをクリックして、[印刷]をクリックします。
2. 印刷対象の設定(標準では[フルページサイズのスライド]と表示)の▼をクリックして、[印刷レイアウト]の[ノート]をクリックします。
3. [印刷]をクリックします。

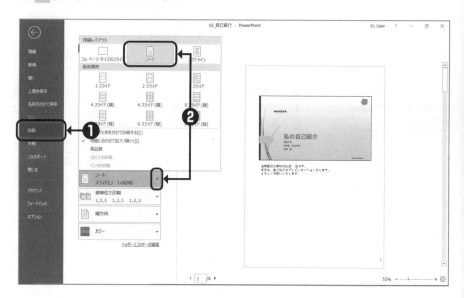

ノートマスター
ノートにもマスターが用意されています。ノートのレイアウトはノートマスターで設定できます。[表示]タブの[ノートマスター]ボタンをクリックすると表示されます。スライドの大きさや、ノートペインの大きさを調整できます。

4. ノートが印刷されます。
A4縦に上半分がスライド、下半分がノートのレイアウトになります。

リハーサル機能で練習する【操作】

「リハーサル機能」は、スライドを切り替えたり、アニメーションを実行するタイミングなどを記録できます。リハーサルを実施して、与えられた時間内にプレゼンテーションできるかどうか、時間配分をチェックすることができます。
また、タイミングを記録しておくと、それに従ってスライドショーを自動実行できます。記録したタイミングはあとから編集できるので、実行してみて調整するとよいでしょう。
自動実行の機能は、デパートの売場にモニターをおいて商品の説明のプレゼンテーションを自動実行させておいたり、病院の待合室で病気予防のプレゼンテーションを自動実行させておくなど、発表者がいなくても不特定多数の人向けに情報提供できる便利な機能として活用されています。

●リハーサルの実行

1. 1枚目の表紙を表示します。
2. [スライドショー]タブの [リハーサル]ボタンをクリックします。
3. スライドショーが1枚目から実行され、[記録中]ツールバーが表示されます。左側に現在のスライドの所要時間、右側に合計所要時間の経過が表示されているのを確認します。

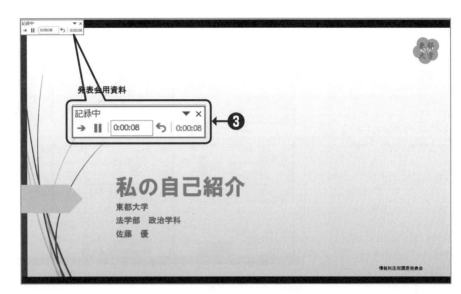

4. 任意のタイミングでマウスボタンをクリックして、プレゼンテーションを進めます。
5. 最後のスライドまで表示し終わってクリックすると「スライドショーの所要時間はXXXです。今回のタイミングを保存しますか？」とメッセージが表示されるので、[はい]をクリックします。

6. タイミングが保存されるので、[表示]タブの [スライド一覧]ボタンをクリックします。
   各スライドの下に記録された所要時間が表示されているのを確認します。

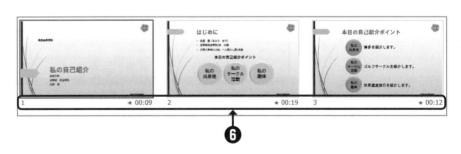

リハーサル中のプレゼンテーションを進める方法

マウスをクリックするか、**Enter**キーを押すか、[記録中]ツールバーの左端の [次へ]ボタンをクリックします。

スライド表示時間の設定

スライドショーを実行中、時間が経過するのを待たなくても[記録中]ツールバーの [スライド表示時間]ボックス内をクリックし、入力して**Enter**キーを押すと設定できます。

リハーサルの所要時間を保存しない場合

[記録中]ツールバーを見て確認するだけで、タイミングを保存する必要がない場合は[いいえ]をクリックします。

タイミングの使用有無

リハーサルを実行してタイミングを保存すると[タイミングを使用]チェックボックスがオンになります。次にスライドショーを実行すると、保存したタイミングで自動的にスライドが切り替わったりアニメーションが実行されるので、自動実行したくない(自分のタイミングでキー操作やマウスクリックで実行したい)ときは、[タイミングを使用]チェックボックスをオフにします。

●スライドショーの自動実行

1. [スライドショー]タブの [タイミングを使用][タイミングを使用]チェックボックスがオンになっているのを確認します。
2. [スライドショー]タブの [最初から]ボタンをクリックします。記録したタイミングでスライドショーが自動実行されるのを確認します。

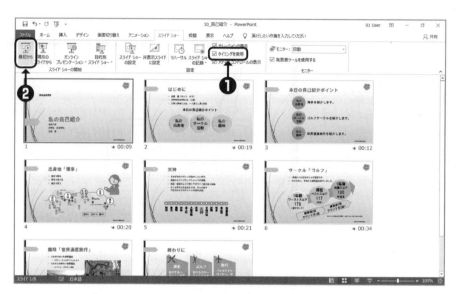

●タイミングの編集

1. タイミングを編集したいスライドを選択します。
2. [画面切り替え]タブの ☑自動的に切り替え 00:12.19 [自動的に切り替え]のボックスの▲、▼をクリックして、任意の所要時間に変更します。

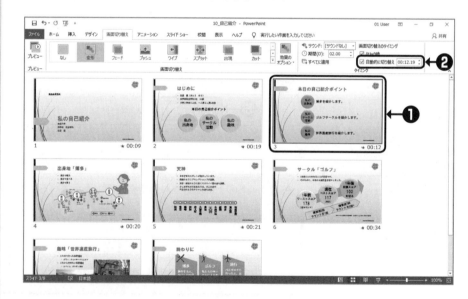

配布資料を印刷する【操作】

PowerPointプレゼンテーションでは、「配布資料を簡単に印刷する機能」があります。1枚の紙にスライドを1枚、2枚、3枚、4枚、6枚、9枚印刷する形式が用意されています。重要なプレゼンテーションの場合や、文字や図が細かい資料の場合は、スライドをそのまま1枚ずつ印刷した資料を配布しますが、それ以外は配布資料作成機能が有効です。環境への配慮として紙を無駄使いしないためにも活用しましょう。

●配布資料の印刷

1. [ファイル]タブをクリックして、[印刷]をクリックします。
2. 印刷対象の設定の▼をクリックして、[配布資料]から任意の設定をクリックします（次の図は[6スライド（横）]の例）。
3. [印刷]をクリックします。

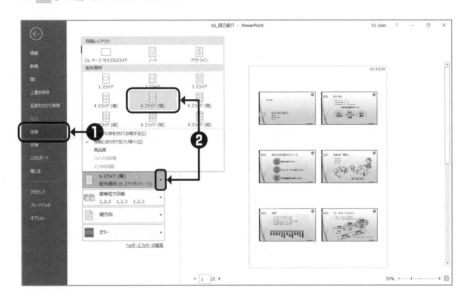

4. 配布資料が印刷されます。次の図は2枚、3枚、4枚、6枚、9枚の例です。

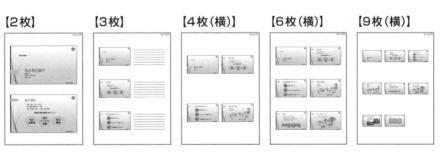

5. 「10_自己紹介」という名前で、[保存用]フォルダーに保存します。

プリンターの機能による配布資料の印刷

右の図のように、A4サイズに複数のスライドを縮小して印刷するのは、プリンターの印刷機能でも実現できる機種があります。メーカーによって2枚、4枚、8枚、16枚…とどこまでできるかにも違いがありますが、これらを使うと配布資料の印刷機能と同等のことができます。使用しているプリンターの機能を確認してみましょう。

練習問題

 リハーサルのタイミングを保存して、自動実行するプレゼンテーションを作成しましょう。

【完成例】

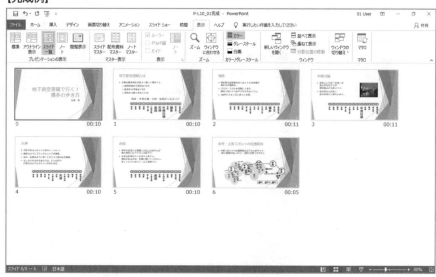

1. ファイル「L10_問題1」を開きましょう。
2. リハーサルを実行して、1枚のスライドにつき10秒程度のタイミングで切り替わるように設定しましょう。
3. タイミングを保存しましょう。
4. 7枚目のスライドだけ、所要時間を5秒に変更しましょう。
5. 「P-L10-01」という名前で、［保存用］フォルダーに保存しましょう。

 Lesson1～9を通してあなたが作成しているファイル「練習_あなたの氏名」のプレゼンテーション資料について、各スライドで説明するポイントやトークをノートに書きましょう。

 Lesson1～9を通してあなたが作成しているファイル「練習_あなたの氏名」のプレゼンテーション資料を使って、プレゼンテーションのリハーサルを実行し、時間配分を確認しましょう。

Lesson 11 メッセージが伝わる発表スキル

プレゼンテーションで一番大切なのは、内容自体であることは言うまでもありません。次に、論理的な構成で具体的なイメージが伝わる訴求力の高いプレゼンテーション資料も重要です。そして最後が、それを効果的に聞き手に伝える発表スキルです。この3つが揃えば、聞き手にメッセージがしっかり伝わるプレゼンテーションができるでしょう。このレッスンでは、プレゼンテーションの発表スキルを学びます。PowerPointの操作は、発表に役立つ機能としてスライドショーの実行や、スライドショー中のスライドの行き来、ブラックアウトを実習します。

キーワード
- □□パフォーマンスのポイント
- □□話し方のポイント
- □□聞き手の注目を集めるパフォーマンスのポイント
- □□アイコンタクト
- □□スライドショー
- □□目的別スライドショー機能
- □□ブラックアウト

このレッスンのポイント

▶ よい印象を与える
▶ わかりやすく話す
▶ 聞き手の注意をそらさない
▶ スライドショーを実行する
▶ スライドを自由に行き来する
▶ ブラックアウトで効果を高める

完成例（ファイル名：11_自己紹介完成.pptx）
目的別スライドショー：自己紹介短縮版

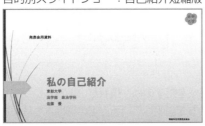

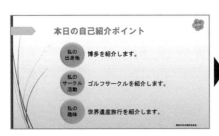

よい印象を与える

プレゼンテーション成功への第一歩は、聞き手に「この人の話を聞いてみよう」と思ってもらうことです。そのためには、プレゼンテーションの始めで好印象を得る努力をします。「パフォーマンスや話し方のポイント」は次のとおりです。

■身だしなみと立ち居振る舞いを美しくする。
■熱意と自信を持って堂々とする。
■親しみやすい雰囲気を作る（シビアな内容の場合を除く）。
■常に聞き手への誠意を忘れない。

第一印象は見た目で決まります。きちんとした身だしなみと、キビキビして美しい立ち居振る舞いで信頼感を与えましょう。何かを伝えようとするなら「伝えたい」という熱意が大切です。また、自信を持って話す人の話は、説得力があります。

身だしなみについて

特に社会人の場合は、ビジネスマナーに則った身だしなみを心がけます。学生の場合も、その場の雰囲気に合った服装を考えます。共通して言えるのは、清潔感や信頼感を感じさせることです。

熱意を表すには…
- ✓ 大きな声ではっきり話す。
- ✓ メリハリをつけて演じるように話す。
- ✓ 身振り手振りを入れて話す。
- ✓ ときには聞き手との距離を縮めて語りかける。
- ✓ 目に力を込めてアイコンタクトをとる。
- ✓ 肯定的な表現で話す。
- ✓ スライドを読むのではなく、自分の言葉で話す。
- ✓ 自分の考え、思い入れを話す。

自信を表すには…
- ✓ 姿勢よく堂々とした態度を保つ。
- ✓ 語尾まではっきり話す。
- ✓ きっぱりと言い切る。
- ✓ 時には、言葉が行き渡るまで沈黙する余裕を持つ。
- ✓ 反論や答えられない質問にもあわてたところを見せない。
- ✓ 誠実な態度で質問をよく聞き、わからないことは後日回答すると伝える。

親しみやすい雰囲気をだすのは、慣れないと難しいかもしれませんが、最初から最後までシリアスな面持ちで説明していると場の雰囲気も固くなります。ときには笑顔を見せるなど、工夫してみましょう。

聞き手への誠意は、心の中のことですから特別なテクニックがあるわけではありません。しかし、そういう気持ちを持つように心がけていれば、必ずプレゼンテーションに現れてきます。誠意を持って話しましょう。

わかりやすく話す

聞き手に十分理解してもらうには、聞き手の立場に立ってわかりやすい話し方を心がけます。「話し方のポイント」は次のとおりです。

■適切な用語で話す。
■適切な速度、声量、発音で話す。
■悪い口癖に注意する。

適切な用語で話すとは、聞き手にとって理解できない難しい言葉や専門用語がないことを指します。速度に決まりはありませんが、一本調子で話すと頭に残らないので、メリハリをつけて話しましょう。声量は全員にはっきり聞こえる声で、発音は語尾まではっきり話すことがポイントです。
これらは、自信を持って堂々と話す、という好印象を与えるためのポイントにも通じるものです。口癖は自分ではわからないものです。リハーサルのときに、他の人にチェックしてもらいましょう。

口癖について
「あの」、「ええっと」などの口癖は、絶対言ってはならないというわけではありません。ただ、聞き手が聞き苦しく思うほど何度も言うようなら注意が必要です。

語尾の言い方
語尾が上がる発音(疑問形以外)や、「…でーす。」と語尾を伸ばす言い方は、子供っぽく聞こえるのでやめましょう。

わかりやすく話すには…
- ✓ 平易でわかりやすい言葉で話す。
- ✓ 専門用語、略語を使うなら資料に注釈を付ける。
- ✓ ダラダラつなげて話さず、短文で切る。
- ✓ 速度を早くしたり遅くしたり、メリハリをつけて話す。
- ✓ 全員によく聞こえる大きな声ではっきり話す。
- ✓ 語尾まではっきり話す。
- ✓ 聞き手が気になるような口癖に注意する。

聞き手の注意をそらさない

好印象を与えて「聞いてみよう」という気持ちになってもらえたら、最後まで聞き手の注意をそらさずプレゼンテーションに集中してもらえるようにします。
「聞き手の注目を集めるパフォーマンスのポイント」は次のとおりです。

■聞き手との距離感に変化をつける。
■アイコンタクトをとる。
■ジェスチャーを取り入れる。
■指示棒やレーザーポインターを使う。

●聞き手との距離感に変化をつける
プレゼンテーションの実施環境にもよりますが、聞き手に対してどの位置で話すか、考えましょう。特に重要なメッセージを伝えるときは聞き手に近づいて話すとか、聞き手の近くを歩きながら語りかけるとか、変化をつけて注目を集める方法もあります。

アイコンタクト
日本語で「目配り」という意味になります。

●アイコンタクトをとる

「アイコンタクト」とは、聞き手と視線を合わせてコミュニケーションをとることです。プレゼンテーションの相手が何人であろうと、一瞬一瞬は１対１のコミュニケーションです。聞き手に積極的に視線を送りながらメッセージを伝えましょう。特に、キーパーソンには、重要なメッセージの部分でしっかりアイコンタクトします。アイコンタクトすることは、聞き手の反応を探るためにも重要です。プレゼンテーションに対して、聞き手がどういう反応をしているのか、よく見ながら話しましょう。

活用

スライドは順手で指し示します。逆手で指すと、聞き手に対して背中を向けることになり、アイコンタクトをとりながらメッセージを伝えることができません。

●ジェスチャーを取り入れる

ジェスチャーといっても難しいことではありません。身振り手振りを入れながら話すということです。たとえば、「ポイントは３つあります」と指を３本出して見せたり、「コストはぐっと低減できます」と手を上から下に向かって動かして見せるという具合です。ちょっとした動きを加えることで聞き手の注目を集めるとともに、自分の緊張もほぐせるので試してみましょう。

●指示棒やレーザーポインターを使う

発表資料の特定部分に注目してほしい場合に、指示棒やレーザーポインターを使います。どちらもむやみに振り回すと見苦しいので、扱いに注意します。

リモートマウスの活用
スライドを進めたり、戻したりする操作を行うことができるリモートマウスを使う方法もあります。パソコンから離れた位置でプレゼンテーションする場合に、とても便利です。レーザーポインターとリモートマウスがセットになっているタイプもあります。

発表スキルは練習して人に見てもらうのが一番です。簡単にチェックするためのプレゼンテーションチェックメモを紹介します。最低限注意するべき項目に絞っていますので、すべて○を目指しましょう。

プレゼン基本チェックメモ

発表者名		
態度	誠意・熱意	
	堂々とした態度	
言葉	正しい敬語と適度な日常語	
	わからない専門用語・略語がない	
	聞きやすいスピード・メリハリ	
	聞きやすい声の大きさ	
	語尾まではっきり発音、語尾が上がらない	
	トーク内容に合った声のトーン	
	悪い口癖がない	
動作	アイコンタクト	
	トーク内容に合った表情	
	正しい姿勢	
	トーク内容に合ったジェスチャー（手などの動き）	
内容	目的やトーク内容に合った時間配分	
	ポイントのわかりやすさ	

良くできていた・大変よかった　○
もっと改善できる・もっと練習したほうがよい　△
できていない・直したほうがよい　×

＜その他気が付いた点があれば、発表者へのコメントを以下に記入ください＞

スライドショーを実行する【操作】

「スライドショー」とは、スライドを1枚ずつ全画面表示にする機能です。パソコンの画面や、プロジェクターを使ってプレゼンテーションを行う場合に使用します。
スライドショーは、最初のページからスタートしたり、現在のページからスタートしたり、使うスライドや順序を変えて実行する「目的別スライドショー機能」など、さまざまな表示方法があります。これらの機能を使って、自由自在にスライドショーを実行する方法を実習します。

●最初からスライドショーを実行

1. ファイル「11_自己紹介」を開きます。
2. プレゼンテーション全体を見ながら操作するために、スライド一覧表示モードに切り替えて、3枚目のスライドをクリックして選択します。
3. [スライドショー]タブの [最初から]ボタンをクリックします。

> **その他のスライドショーの実行方法**
> F5キーを押すと、最初からスライドショーを実行できます。また、スライド一覧表示モード以外の表示モードからでもスライドショーは実行できます。

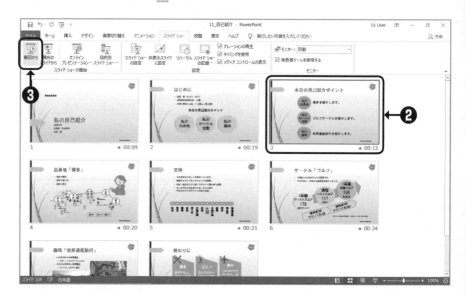

4. 3枚目を選択していても、スライドショーが1枚目から開始されるのを確認します。

> **スライドショーの途中での終了方法**
> スライドショーは、最後のスライドまで実行すると自動的に終了します。途中で強制終了したい場合は、Escキーを押します。

その他のスライドショーの実行方法

Shift＋F5キーを押すか、画面右下に表示されている[スライドショー]ボタンをクリックしてもスライドショーを実行できます。

● 現在のスライドからスライドショーを実行

1. 3枚目のスライドをクリックして選択します。

2. [スライドショー]タブの [現在のスライドから]ボタンをクリックします。

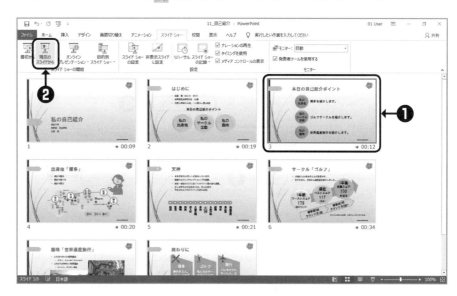

3. スライドショーが3枚目から開始されるのを確認します。

● 目的別スライドショーの作成

1. [スライドショー]タブの [目的別スライドショー]ボタンをクリックし、[目的別スライドショー]をクリックします。

目的別スライドショーの活用方法

目的別スライドショーは複数作成できます。1つのプレゼンテーション資料を使って説明順序や使用するスライドを変えたパターンを複数用意できるので、さまざまな場面に合わせたプレゼンテーションができます。

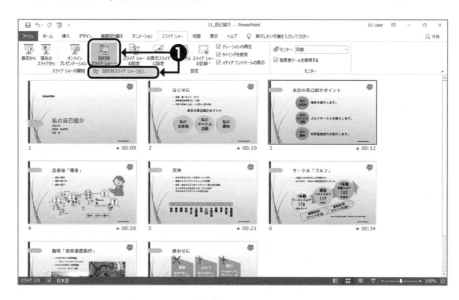

2. [目的別スライドショー]ダイアログボックスが表示されるので、[新規作成]をクリックします。

3. [目的別スライドショーの定義]ダイアログボックスが表示されるので、[スライドショーの名前]ボックスに「自己紹介短縮版」と入力します。
4. [プレゼンテーション中のスライド]ボックスから1枚目のスライドのチェックボックスをオンにします。
5. [追加]をクリックします。
6. [目的別スライドショーのスライド]ボックスに1枚目のスライドが追加されます。

[目的別スライドショーのスライド]ボックスに追加したスライドの削除
[目的別スライドショーのスライド]ボックスでそのスライドを選択して×[削除]をクリックします。

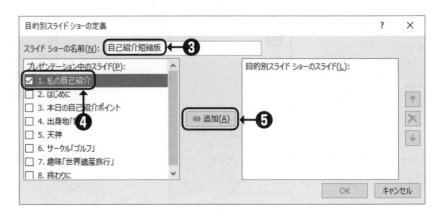

7. 同様の操作で、2枚目、3枚目、7枚目、8枚目のスライドを追加し、5枚になったのを確認して[OK]をクリックします。

目的別スライドショーの設定内容の変更と削除
[目的別スライドショー]ダイアログボックスで登録した目的別スライドショーを選択して[編集]をクリックすると、[目的別スライドショーの定義]ダイアログボックスで編集できます。[削除]をクリックすると、目的別スライドショーを削除できます。

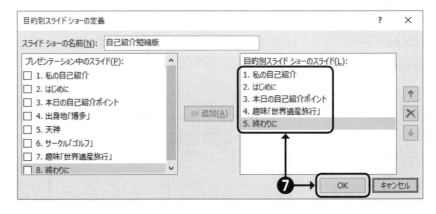

8. [目的別スライドショー]ダイアログボックスのボックスに「自己紹介短縮版」が登録されたのを確認します。

●目的別スライドショーの実行

1. [目的別スライドショー]ダイアログボックスの「自己紹介短縮版」をクリックします。
2. [開始]をクリックします。

その他の目的別スライドショーの実行方法
[スライドショー]タブの[目的別スライドショー]ボタンをクリックすると、登録した目的別スライドショーの名前が表示されるので、目的のものを選択します。

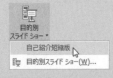

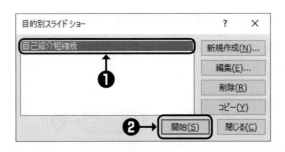

3. 指定した順番でスライドショーが実行されるのを確認します。

●発表者ツールを使ったスライドショーの実行

1. [スライドショー]タブの[発表者ツールを使用する]チェックボックスがオンになっているのを確認します。
2. [スライドショー]タブの [最初から]ボタンをクリックします。
3. スライドショーが1枚目から開始されるので、スライドショー実行中に右クリックして、ショートカットメニューの[発表者ビューを表示]をクリックします。
4. スクリーンには通常のスライドショーが表示されたままで、発表者のパソコンの画面のみ発表者ビューに切り替わります。発表者ビューには、現在のスライドのほか、次のスライドやノートが表示されるので、流れを確認しながらプレゼンテーションができます。
5. 発表者ビューを終了して通常のスライドショーに戻るには、[その他のスライドショーオプション]をクリックして[発表者ビューを非表示]をクリックします。

活用

発表者ビューの現在のスライドの下にあるメニューには、左から順に、以下の機能があります。

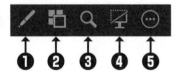

❶[ペンとレーザーポインターツール]
　スライドショー中にスライドに書込みをするペンや蛍光ペン、注目してほしいところを指し示すレーザーポインターを起動します。

❷[すべてのスライドを表示します]
　スライドショー中にすべてのスライドを表示します。任意のスライドをクリックすると、そのスライドがスライドショーで表示されます。

❸[スライドを拡大します]
　スライドショー中にスライドを拡大します。拡大したい部分を指定できます。

❹[スライドショーをカットアウト/カットイン（ブラック）します]
　スライドショーを一時的に消して、画面を黒くします。

❺[その他のスライドショーオプション]
　発表者ビューの非表示など、その他の機能があります。

スライドを自由に行き来する【操作】

プレゼンテーションは必ずしも最初から最後まで予定どおり進むとは限りません。途中で前に戻ったり、急に特定のスライドを見せる必要に迫られたり、イレギュラーな対応が必要なケースもあります。スライドショー実行中に、スライドを自由に行き来するさまざまな操作を身につけておきましょう。

スライドショーでは、1枚ずつ進める、1枚ずつ戻る、スライド番号やスライドのタイトルを指定してジャンプする、といった方法があります。

スライドの移動の操作方法
次のスライドへ進める、前のスライドへ戻る操作は複数ありますが、すべて覚える必要はありません。自分が使いやすい方法を覚えましょう。

●次のスライドへの移動
1. 最初からスライドショーを実行します。
2. 次のいずれかの操作で、次のスライドへ進めます。
   ・マウスの左ボタンをクリックする。
   ・**Enter**キー、スペースキー、→キー、**End**キー、↓キー、**PageDown**キー、**N**キーのいずれかを押す。
3. 2枚目[はじめに]が表示されます。

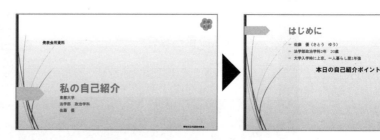

●前のスライドへの移動
1. 次のいずれかの操作で、前のスライドへ戻します。
   ・**Backspace**キー、←キー、**Home**キー、↑キー、**PageUp**キー、**P**キーのいずれかを押す。
2. 1枚目（表紙）が表示されます。

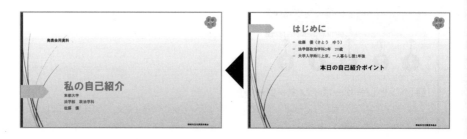

●スライド番号を指定した移動
1. スライドショー実行中に、スライド番号を入力して**Enter**キーを押します。
ここでは「6」と入力して**Enter**キーを押します。
2. 6枚目[サークル「ゴルフ」]が表示されます。

●すべてのスライドを表示して移動
1. スライドショー実行中に右クリックして、ショートカットメニューの[すべてのスライドを表示]をポイントするか、**ー**キー（ハイフンのキー）を押します。
2. プレゼンテーション資料のスライドの一覧が表示されるので、表示したいスライドを選択します。ここでは4枚目[出身地「博多」]をクリックします。

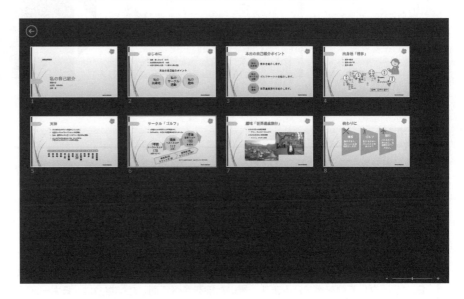

3. 4枚目[出身地「博多」]が表示されます。

 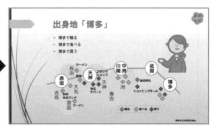

ショートカットメニューの活用

[次へ]、[前へ]をクリックすると、スライドを前後に行き来できます。また、[目的別スライドショー]をポイントすると、作成した目的別スライドショーの名前が表示されるので、任意の目的別スライドショーを実行できます。

ブラックアウトで効果を高める【操作】

スライドショー中に一時的に画面を黒くする機能が「ブラックアウト」です。ブラックアウトは、プレゼンテーションの効果を高めます。たとえば、プレゼンテーションの途中で質問に答える、スライドにない事例を話す、スライドから離れたことを話すといった場合、画面を消したほうが聞き手の注目を自分ひとりに集めることができます。プレゼンテーションを終了するときも、最後のスライドを表示したままにするより、さっと消して終えればスムーズに質疑応答へ移れます。

ホワイトアウトの活用

ブラックアウトすると会場が暗くなり過ぎる場合は、ホワイトアウト（画面を真白にする）機能もあります。必要に応じて使い分けましょう。
ホワイトアウトはスライドショー実行中に**W**キーを押します。元に戻すには、もう一度**W**キーを押します。

●ブラックアウトの実行

1. スライドショー実行中に**B**キーを押します。ブラックアウトします。
2. 元に戻すには、もう一度**B**キーを押します。

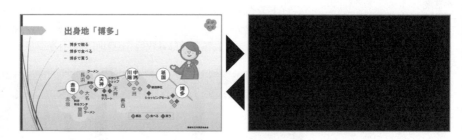

3. 「11_自己紹介」という名前で、[保存用]フォルダーに保存します。

活用

スライドショー実行中の便利な機能として、ペン機能があります。ペン機能を使うと、スライドショーで表示しているスライドにフリーハンドで書き込みができます。説明しながら強調したいところを線で囲ったり、アンダーラインを引いたり、聞き手の注目を集めるのに効果的です。

1. スライドショー実行中に右クリックして、ショートカットメニューの[ポインターオプション]をポイントしてペンの種類を選択します。ペンの種類は、[ペン]（細い）、[蛍光ペン]（太い）があります。色を変更する場合は、ペンの種類を選ぶ前に[インクの色]をポイントして、色を選択します。
2. ドラッグして線を書き込みます。書いた線をすべて消したい場合は、**E**キーを押します。
3. ペンを終了するには**Esc**キーを1回押します。
4. ペンで書き込みをした場合はスライドショーを終了するときに、「インク注釈を保持しますか？」と表示されるので、[保持]または[破棄]をクリックします。[保持]をクリックすると、書いた内容がイメージとしてスライド内に保存されます。

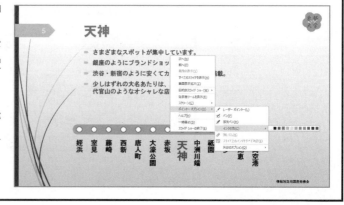

練習問題

目的別スライドショーを設定しましょう。

【完成例】
目的別スライドショー：博多紹介_10分説明用

【完成例】
目的別スライドショー：博多紹介_5分説明用

❶ファイル「L11_問題1」を開きましょう。
❷目的別スライドショー［博多紹介_10分説明用］を作成しましょう。
　表示するスライドは、1、2、4、5、7枚目の順で設定しましょう。
❸目的別スライドショー［博多紹介_5分説明用］を作成しましょう。
　表示するスライドは、1、2、7枚目の順で設定しましょう。
❹目的別スライドショーを実行して確認しましょう。
❺「P-L11-01」という名前で、［保存用］フォルダーに保存しましょう。

Lesson1～10を通してあなたが作成しているファイル「練習_あなたの氏名」のプレゼンテーション資料について、短縮して説明する場合を想定して目的別スライドショーを作成しましょう。

Lesson 12 信頼を得る質疑応答

プレゼンテーションにおいて、聞き手から出た質問にどう答えるかは、プレゼンテーションそのものと同じくらい重要です。ときには、質疑応答のほうが重要といってもよいくらい、聞き手の理解度をあげたり、意思決定を促す決め手になります。
このレッスンでは、質問者が質問しやすい雰囲気を作り、満足する回答をするためのポイントについて学びます。PowerPointの操作は、参考資料をすぐに表示してスムーズな質疑応答をするために、ハイパーリンク機能を実習します。

キーワード
- □□質問のルール
- □□質問内容を理解した回答のポイント
- □□質問者が満足する回答のポイント
- □□質問内容をメモする方法
- □□ハイパーリンク
- □□動作設定ボタン

このレッスンのポイント
▶ 質問のルールを最初に伝える
▶ 質問者の話をよく聞く
▶ 質問者が満足する回答をする
▶ 質問内容をメモする
▶ ハイパーリンクで質疑応答に備える

完成例（ファイル名：12_自己紹介完成.pptx）
次のようにハイパーリンクを設定します。

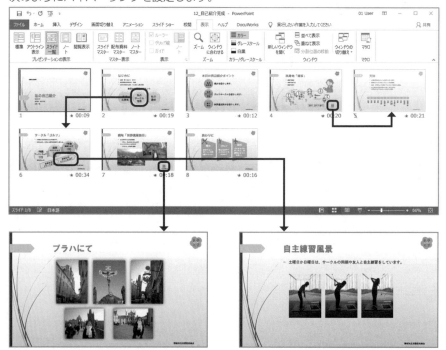

質問のルールを最初に伝える

プレゼンテーションの際に、聞き手が質問しやすい雰囲気を作る第一歩として、「質問のルール」を最初に伝えることが挙げられます。いつ、どうやって質問したらよいのかわからないと、人によっては遠慮して聞きたいことを聞かずに終わってしまうかもしれません。逆に、プレゼンテーションの途中で個別な質問を投げかけられて、1人のために時間を割いてしまい、他の聞き手に迷惑をかけることもあります。

聞き手が安心してプレゼンテーションを聞き、適切なタイミングで質問でき、プレゼンテーションがスムーズに進むようにするには、質問のルールは最初に伝えておきましょう。ルールの伝え方の例は次のとおりです。

長いプレゼンテーションの場合
途中の区切りがいいところで質問時間を設けるルールにしてもよいでしょう。

■質問のタイミング
例：「質問は随時お受けします。」
　　「最後に質問の時間を設けますので、その際にまとめてお受けします。」

■質問方法
例：「質問される場合は、挙手してご氏名をお願いいたします。」

■その他注意事項
例：「個別のご質問はプレゼンテーション終了後に直接お願いいたします。」

質問者の話をよく聞く

質問者の話をよく聞くというのは、2つの目的があります。

■質問内容を正しく理解する。
■「聞いてくれている」という満足感を与える。

●質問内容を正しく理解する

質問内容を正しく理解しなければ、聞き手を満足させる回答はできません。話をよく聞いて、「質問内容を理解してから回答」します。途中まで聞いて、早とちりして回答しないように注意しましょう。

●「聞いてくれている」という満足感を与える

質問によっては、最後まで聞かなくても相手が言おうとしていることがわかる場合もあるでしょう。しかし、その場合も最後まで聞いてから回答します。質問者の言葉をさえぎったり、最後まで言い切らないうちにかぶるように答えると、「聞いてくれている」という満足感を感じてもらうことができません。

相手の話をよく聞くことを「傾聴（けいちょう）」といいます。耳を傾けてよく聴く、それを積極的にアピールしましょう。具体的には、うなずいたり、「ええ」、「はい」、「なるほど」、「そうですか」など短いあいづちを打ちながら聞きます。

あいづちの打ち方
単調にならないように、いくつかの言葉を織り交ぜながら行います。

質問者が満足する回答をする

「質問者が満足する回答」をするには、前述のとおり、質問内容をよく聞いて理解するのが第一歩です。より高い満足を得るには、質問者が求めている回答をいかに的確に返すかにかかっています。そのポイントは次のとおりです。

■質問者の意図を理解する。
■結論を先に述べる。

当たり前だと思うかもしれませんが、これができていないケースが意外と多いのです。次に悪い例を紹介します。心当たりがないか振り返ってみましょう。

●質問者の意図を理解していない

質問者の意図は、「Aシステムが最適だという判断は正しいか?」を知りたいということです。したがって、詳しい説明は不要です。それを再び長々と説明したら質問者はうんざりします。

的確な回答をするためのポイント
「なぜそういう質問をするのか?」、「何が知りたいからこういう質問をしているのか?」という質問者の意図をよく考えてみるということです。

●結論を先に述べない

結論を言わずに理由などの説明をしていると、短気な質問者はイライラするかもしれません。結論を先に述べて、理由はあとから話します。
次の例では、話す順序が逆になっています。

結論が先
質疑応答に限らず、結論を先に述べてから理由、というのは論理的でわかりやすい話し方の基本です。
特に、ビジネスにおいて原則は結論が先です。

● 求められていない説明を長々する

結論を先に述べることに加えて、求められていない説明は長々しないのもポイントです。質問者が内容を理解したうえで結論だけ確認したいと思っている場合、改めて詳しい説明するのは蛇足です。

質問内容をメモする

個人情報保護について
質問の回答先として、氏名やメールアドレスを書いてもらう場合は、個人情報保護の観点から取り扱いに注意します。また、集めた個人情報は、質問への回答以外の目的では使用しないことを守り、その旨を質問者にも伝えましょう。

プレゼンテーションに対して出た質問は、聞き手がわかりにくい部分を教えてくれたり、興味を持ったところを教えてくれたり、私たちにさまざまなヒントを与えてくれます。質問内容はメモして、今後の対応に活かしましょう。もちろん、当日回答できなかったことは、メモを持ち帰って調査して回答します。

「質問内容をメモする方法」は、大きく分けて2通りあります。自分（または同行者）がメモする方法と、聞き手に書いてもらう方法です。

聞き手の人数が比較的少ない場合は、質疑応答をしながらメモをとれるかもしれませんが、ある程度人数が多くなると追いつきません。プレゼンテーションに同行者がいれば、その人にメモをお願いして自分はその場での回答に専念します。

聞き手の人数が非常に多い場合は、その場の質問時間内では解決しきれないおそれもあるので、質問を書くための用紙を配布して書いてもらってもよいでしょう。ただし、用紙に質問を書いてもらって集めた場合は回答を返さないと失礼になるので、連絡先（メールアドレスを書いてもらうなど）も書く欄を用意しましょう。

次のページに2つのフォーム例を紹介します。これを参考に、自分が使いやすいフォームを作成してもよいでしょう。

■Q&A対応メモ（自分または同行者がメモするためのフォーム）
■質問シート（聞き手が記入するためのフォーム）

Q&A 対応メモ

お客様名	（特定企業向けの場合）
開催日時	
場所	
プレゼンテーマ	
発表者	
質問者	
質問内容	
対応	済　　　要回答 その他（ 　　　　　　　　　　　　　　　　）
回答者	
回答内容	
回答日	
その他 備考	

質問シート

お客様会社名	（特定企業向けの場合）
開催日時	
場所	
プレゼンテーマ	
発表者	
ご所属	
ご氏名	
ご質問内容	
対応希望納期	☐ 至急 ☐ （　　　　　）ごろまで ☐ 特に急がない
ご連絡先	外線： 内線： e-Mail：

ご記入いただいた個人情報は、質問回答の連絡以外の目的で使用することはありません。

ハイパーリンクで質疑応答に備える【操作】

ハイパーリンクのジャンプの設定

通常はクリックしたときにジャンプするように設定しますが、ポイントしただけでジャンプする設定も可能です。

動作設定ボタンを使用するケース

動作設定ボタンを使う方法は、ハイパーリンクが設定されている場所がわかりやすいのがメリットです。

マウスのポイントでジャンプするハイパーリンクの設定

マウスでポイントしたらリンク先に移動させたい場合は、[オブジェクトの動作設定]ダイアログボックスの[マウスの通過]タブで設定します。

「ハイパーリンク」とは、スライド内の特定の位置をクリックしたとき、あらかじめ設定したリンク先にジャンプする機能です。プレゼンテーション実施に際して「ここでこういう質問があったら、この資料を見せよう」というものがあれば、ハイパーリンクしておくと便利です。質問がなければ表示せずに次に進めますし、質問があればクリックするだけで表示できます。聞き手の質問に対して、すぐに的確な資料を表示して回答すれば、信頼感や安心感を与えることができます。

ハイパーリンクは、「動作設定ボタン」を使う方法と、スライド内の任意のオブジェクトに設定する方法があります。リンクする先も、同じプレゼンテーション内のスライド、別のプレゼンテーション内のスライド、URL、その他のファイルなどバリエーションがあります。ここではこれらのハイパーリンクの設定方法について実習します。

また、スライドの中で、質問があった場合のみ見せる参考資料は関係する部分にリンクする一方で、通常のスライドショーでは表示しない非表示スライドに設定する方法についても実習します。

●同じプレゼンテーション内のスライドへのリンク（動作設定ボタン）

1. ファイル「12_自己紹介」の4枚目[出身地「博多」]を表示します。
2. [挿入]タブの[図形]ボタンをクリックして、[動作設定ボタン]の[動作設定ボタン：情報の取得]をクリックします。
3. マウスポインターの形が＋になったら、図を参考にスライドの右下あたりでドラッグして動作設定ボタンを描きます。
4. [オブジェクトの動作設定]ダイアログボックスが表示されます。
5. [マウスのクリック]タブの[ハイパーリンク]をクリックし、ボックスの▼をクリックして[スライド]をクリックします。

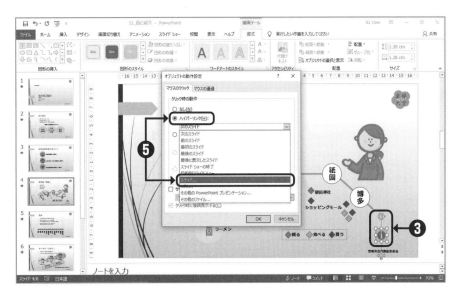

動作設定ボタンの編集

他の図形と同様の操作で、塗りつぶしの色や枠線など編集することができます。

同じプレゼンテーション内でのハイパーリンクの注意事項

スライドショーでリンク先にジャンプしたあとで元のスライドへ戻るには、リンク先のスライドにも戻るためのボタンが必要です。

6. [スライドへのハイパーリンク]ダイアログボックスが表示されるので、リンク先に指定したいスライドを選択して[OK]をクリックします。
ここでは[5.天神]を指定します。

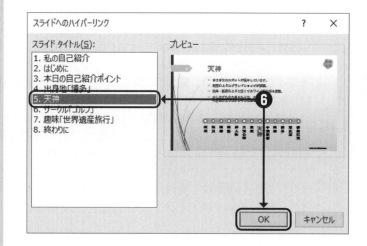

7. [オブジェクトの動作設定]ダイアログボックスの[OK]をクリックします。
8. スライドショーを実行して動作設定ボタンをクリックし、[天神]のスライドが表示されるのを確認します。

●同じプレゼンテーション内のスライドへのリンク（オブジェクト）

1. 3枚目[本日の自己紹介ポイント]を表示します。
2. スライド内の円「私のサークル活動」を選択して、[挿入]タブの[動作]ボタンをクリックします。
3. [オブジェクトの動作設定]ダイアログボックスが表示されるので、[ハイパーリンク]をクリックし、ボックスの▼をクリックして[スライド]をクリックします。
4. [スライドへのハイパーリンク]ダイアログボックスが表示されるので、リンク先に指定したいスライドを選択して[OK]をクリックします。
ここでは[6.サークル「ゴルフ」]を指定します。

動作設定ボタンの設定との操作方法の違い

オブジェクトにハイパーリンクを設定する場合、右の手順のように手動で[オブジェクトの動作設定]ダイアログボックスを表示します。[オブジェクトの動作設定]ダイアログボックスを表示後の操作は同じです。

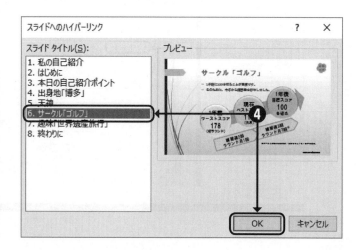

5. [オブジェクトの動作設定]ダイアログボックスの[OK]をクリックします。
6. スライドショーを実行してスライド内の円「私のサークル活動」をクリックし、[サークル「ゴルフ」]のスライドが表示されるのを確認します。

別のプレゼンテーションから元のプレゼンテーション内のスライドへ戻る方法

スライドショーでリンク先にジャンプしたあとで元のスライドへ戻るには、**Esc**キーを1回押します。リンク先のスライドに戻るためのボタンを作成する必要はありません。

別のプレゼンテーションや別のファイルへのリンクの注意事項

別のプレゼンテーションや別のファイルへのリンクは、リンク元のプレゼンテーションやリンク先の保存場所（階層や保存媒体自体）、パソコン環境の変更などによってリンクの設定が切れることがあります。保存場所やパソコン環境を変更した場合は、リンクの設定を確認して必要に応じて再設定します。

●別のプレゼンテーション内のスライドへのリンク（動作設定ボタン）
1. 7枚目[趣味「世界遺産旅行」]を表示します。
2. [挿入]タブの [図形]ボタンをクリックして、[動作設定ボタン]の [動作設定ボタン：情報の取得]をクリックし、マウスポインターの形が+になったらドラッグして動作設定ボタンを描きます。
3. [オブジェクトの動作設定]ダイアログボックスが表示されるので、[マウスのクリック]タブの[ハイパーリンク]をクリックし、ボックスの▼をクリックして[その他のPowerPointプレゼンテーション]をクリックします。
4. [その他のPowerPointプレゼンテーションへのハイパーリンク]ダイアログボックスが表示されるので、任意のPowerPointプレゼンテーションを選択して[OK]をクリックします。ここではファイル「世界遺産旅行」を選択します。
5. [スライドへのハイパーリンク]ダイアログボックスが表示されるので、リンクしたいスライドを選択して[OK]をクリックします。
ここでは[1.プラハにて]を指定します。

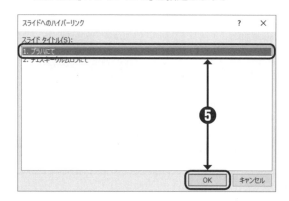

6. [オブジェクトの動作設定]ダイアログボックスの[OK]をクリックします。
7. スライドショーを実行して動作設定ボタンをクリックし、ファイル「世界遺産旅行」の[プラハにて]のスライドが表示されるのを確認します。

●別のプレゼンテーション内のスライドへのリンク（オブジェクト）
1. 6枚目[サークル「ゴルフ」]を表示します。
2. スライド内の右側のホームベースを選択し、[挿入]タブの [動作]ボタンをクリックします。
3. [オブジェクトの動作設定]ダイアログボックスが表示されるので、「●別のプレゼンテーション内のスライドへのリンク（動作設定ボタン）」と同じ操作で、ファイル「ゴルフ」の1枚目[自主練習風景]にリンクします。

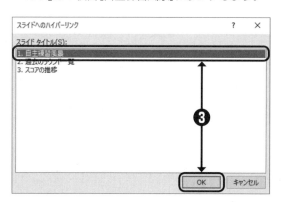

4. スライドショーを実行して右側のホームベースをクリックし、ファイル「ゴルフ」の[自主練習風景]のスライドが表示されるのを確認します。

> **活用**

ハイパーリンクは、ここで学習したオブジェクトの動作設定機能と、ハイパーリンク機能があります。
ハイパーリンク機能で、同じプレゼンテーション内の特定のスライドにリンクする設定方法は次のとおりです。

1. リンクを設定したい部分を選択して右クリックして、ショートカットメニューの[ハイパーリンク]をクリックします。
2. [ハイパーリンクの挿入]ダイアログボックスの[リンク先]の[このドキュメント内]をクリックします。
3. [ドキュメント内の場所]ボックスでリンク先に設定したいスライドを選択して、[OK]をクリックします。

> **活用**

オブジェクトの動作設定機能で、ハイパーリンク先に指定できるのは、PowerPointプレゼンテーション以外では、URLやその他のファイル(Word、Excel、PDFなど)があります。[オブジェクトの動作設定]ダイアログボックスで[ハイパーリンク]をクリックし、ボックスの▼をクリックして次の項目を選択して設定します。なお、PowerPoint以外にリンクした場合、スライドショー中にリンクをクリックするとリンクしたファイルが通常のウィンドウに表示されます。スライドショーのように全画面表示で表示されるのはPowerPointにリンクした場合のみです。

【URLへリンクする】
ボックスから[URL]を選択

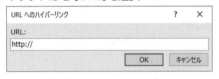

【その他のファイルへリンクする】
ボックスから[その他のファイル]を選択

●非表示スライドの設定

1. スライド一覧表示モードにして、5枚目[天神]をクリックして選択します。
2. [スライドショー]タブの [非表示スライド に設定] [非表示スライドに設定]ボタンをクリックします。
3. ページ番号に非表示であることを表す斜線が表示されます。

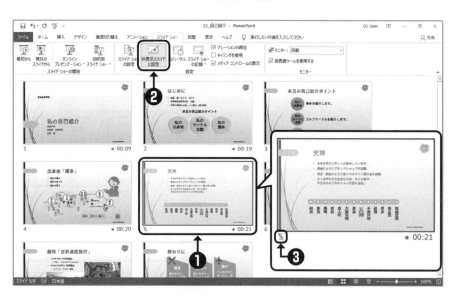

4. スライドショーを実行して、5枚目[天神]が表示されないのを確認します。
5. 「12_自己紹介」という名前で、[保存用]フォルダーに保存します。

練習問題

 PowerPointプレゼンテーションにハイパーリンクを設定しましょう。

【完成例】

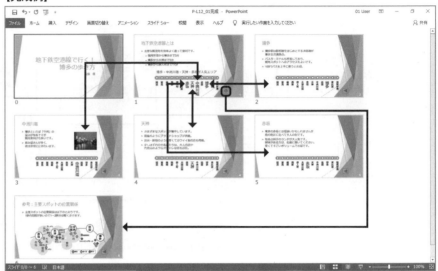

1. ファイル「L12_問題1」を開き、2枚目[地下鉄空港線とは]を表示しましょう。
2. 「博多」と書かれているテキストボックスと3枚目、「中洲川端」と4枚目、「天神」と5枚目、「赤坂」と6枚目をリンクしましょう。
3. 2枚目のスライドの右下あたりに動作設定ボタン[情報の取得]を描いて、最終のスライドにリンクしましょう。
4. 3〜7枚目のスライドに、動作設定ボタンの[戻る/前へ]ボタンを作成し、最後に表示したスライドに戻る設定にしましょう。
5. スライド一覧表示モードに切り替えて、2〜7枚目のスライドを複数選択し、クリックしてもスライドが切り替わらない設定にしましょう。
6. 「P-L12-01」という名前で、[保存用]フォルダーに保存しましょう。

ヒント: 5の設定は、ハイパーリンクによって指定したスライドにジャンプする以外は、前にも次にも進めないようにするためです。[画面切り替え]タブの[画面切り替えのタイミング]の[クリック時]チェックボックスをオフにすると設定できます。

 Lesson1〜11を通してあなたが作成しているファイル「練習_あなたの氏名」のプレゼンテーション資料について、ハイパーリンクが必要な箇所があれば設定しましょう。

総合問題1

次の文章を読んで、問題に解答してください。

【プレゼンテーションを行う背景】

> あなたは、いろはトラベル株式会社の営業です。企業向けに営業活動をする法人営業部に所属しています。現在、ABC産業株式会社に社員旅行の提案をしています。ABC産業株式会社では、2年に1回、社員をねぎらうために社員旅行を行っています。これまでは他の旅行会社を使っているので、次回の社員旅行はいろはトラベル株式会社を採用してもらえるように、これまで何度も足を運んで、総務部の佐々木さんに説明をしてきました。その甲斐があって、来週2月8日に総務部の山本部長にプレゼンテーションする機会をいただいたので、これからプレゼンテーションの準備をします。
>
> 当日参加してくださるのは、山本部長、佐々木さんを含む総務部メンバー3名、合計4名です。ABC産業株式会社の本社会議室に伺うことになりました。テーマは「社員旅行のご提案」です。佐々木さんから伺った旅行の条件をもとに、あなたが企画した旅行のコンセプトは「安い・手軽・皆が楽しめる」です。社員のコミュニケーションを大切にしたいという社長の意向に沿う旅行プランを、わかりやすく具体的に説明して納得していただき、採用につなげたいと思っています。
>
> このプレゼンテーション後、できれば山本部長に採用を決定していただきたいですが、佐々木さんの話では「社員旅行は大イベントなので、確か2年前も総務部で決定せず、役員会の承認を得て最終決定したと思う」とのことでした。もしそうなら、2月8日のプレゼンテーションで山本部長や総務部メンバーに納得いただいたのち、役員向けにも説明が必要かもしれません。

上記の背景から情報を読み取って、プレゼン企画シートを作成しましょう。

ヒント：・プレゼン企画シートは、「プレゼン企画シート.pdf」を印刷して使います。
　　　　　・プレゼンテーションのゴールは1つではありません。複数設定しましょう。

総合2 あなたは、伝えたいメッセージを整理して次の骨子でプレゼンテーション資料を作成することにしました。PowerPointを起動して、アウトライン機能でスライドタイトルを入力し、スライドを作成しましょう。

【提案の骨子】
・社員旅行のご提案（表紙）

・いただいたご要望
　　3泊4日以内
　　1人当たり￥50,000以内
　　予算内であれば国内/海外を問わない
　　社員のコミュニケーションを大切にしたい

・コンセプト
　　移動が楽
　　グルメが充実
　　皆が楽しめる

・ご提案する旅行プラン
　　韓国3泊4日
　　￥48,000/人
　　各自がオプション1つを選択可能
　　　　ラベンダー観光コース
　　　　カニ三昧グルメコース
　　初日夕食は全員でパーティ

・終わりに

❶PowerPointを起動して新しいファイルを作成しましょう。
❷アウトライン機能で、前述の「提案の骨子」の1行ずつを階層構造に関係なくすべてスライドタイトルとして入力し、18枚のスライドを作成しましょう。
❸前述の「提案の骨子」の階層構造を参考に、作成したスライドのレベルを1段階または2段階上げて、5枚のスライドにまとめましょう。
❹表紙のあとに［はじめに］というスライドを1枚追加しましょう。
❺「カニ三昧グルメコース」の行のあとに「ゴルフコース」を追加しましょう。
❻「P-S01-02」という名前で、［保存用］フォルダーに保存しましょう。

総合3

ファイル「ABC産業が大切にすること」にあるチャートを、ファイル「S01_03提案書」の3枚目[いただいたご要望]にコピーして貼り付けましょう。

【ファイル「ABC産業が大切にすること」】　　【ファイル「S01_03提案書」の3枚目】

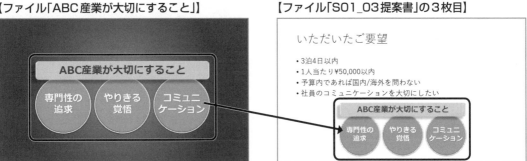

1. ファイル「S01_03提案書」とファイル「ABC産業が大切にすること」を開きましょう。
2. ファイル「ABC産業が大切にすること」のチャートをすべて選択しましょう。
3. 形式を指定して貼り付ける機能で、適した形式を選択しましょう。
4. ファイル「S01_03提案書」の3枚目に貼り付けて、上記の図を参考に縮小しましょう。
5. ファイル「ABC産業が大切にすること」を閉じましょう。
6. 「P-S01-03」という名前で、[保存用]フォルダーに保存しましょう。

ヒント：ここでは、チャートを縮小したときにフォントの大きさも自動的に小さくなる形式が求められています。

総合4

ファイル「他社事例のご紹介」の2枚目を、ファイル「S01_04提案書」に追加しましょう。

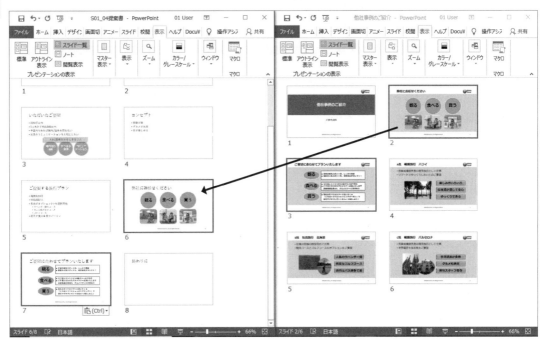

1. ファイル「S01_04提案書」とファイル「他社事例のご紹介」を開きましょう。
2. ファイル「他社事例のご紹介」の2～3枚目を、ファイル「S01_04提案書」の5枚目のすぐあとにコピーして追加しましょう。
3. 「P-S01-04」という名前で、[保存用]フォルダーに保存しましょう。

総合問題2

次の文章を読んで、問題に解答してください。

【完成例】

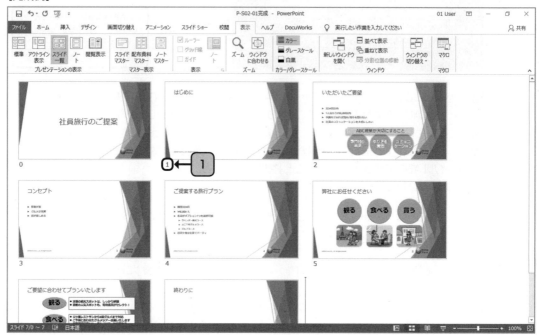

❶ファイル「S02_01提案書」を開きましょう。
❷テーマを[ファセット]に変更しましょう(ご使用のパソコンの環境にない場合は任意)。
❸配色を[暖みのある青]に変更しましょう(ご使用のパソコンの環境にない場合は任意)。
❹スライドマスターとタイトルスライドレイアウトにファイル「いろはトラベルロゴ」を挿入して、任意の位置に配置しましょう(完成例の図の挿入位置を参照)。
❺スライドマスターで、スライド番号のフォントサイズを18ポイントにしましょう。
❻スライド番号とフッター「©IROHA Travel Co., Ltd. All rights reserved.」を表示します。表紙には表示しない設定にしましょう。
❼2枚目のスライド番号が[1]になるように設定しましょう。
❽「P-S02-01」という名前で、[保存用]フォルダーに保存しましょう。

ヒント：ファイル「いろはトラベルロゴ」は、背景色が不透明です。背景色はPowerPointプレゼンテーション内で透明に変更できます。[図ツール]の[書式]タブの[色]ボタンをクリックして[透明色を指定]をクリックします。マウスポインターの形がペンのようになるので、貼り付けたロゴの白い背景部分をクリックします。

総合 2

ファイル「S02_02提案書」の2枚目[はじめに]に、図形を使って本日のプレゼンテーションの内容を説明する序論のチャートを作成しましょう。

【説明したい内容】

> 本日のプレゼンテーションのポイントは、大きく分けると3点あります。これまでの営業活動の中でいただいた旅行へのご要望を確認してから、提案のコンセプトを説明し、そのあと、具体的な旅行プランを提案します。序論のチャートでは、この流れがわかるように「いただいたご要望」、「コンセプト」、「ご提案する旅行プラン」というスライドタイトルの目次を示します。

1 ファイル「S02_02提案書」を開き、2枚目の[はじめに]を表示しましょう。
2 上記の内容を図形を組み合わせてチャートで表現しましょう。形は自由に考えてください。
3 チャートの色は、カラー化テクニックを意識して決めましょう。色は自由に考えてください。
4 「P-S02-02」という名前で、[保存用]フォルダーに保存しましょう。

ヒント：2枚目の「はじめに」のレイアウトは、[タイトルとコンテンツ]になっています。コンテンツプレースホルダーが不要な場合は、レイアウトを[タイトルのみ]に変更しましょう。
　　　どのようなチャートの形が適切かは、キーワードの構造によります。ここでは、プレゼンテーション3つのポイント（3枚のスライドのスライドタイトル）は並列の概念です。並列であることがわかるようなチャートの形を考えましょう。
　　　チャートの作成方法は、図形を組み合わせる他に、SmartArtグラフィックを使用する方法もあります。並列のチャートはSmartArtグラフィックの「リスト」に各種用意されています。
　　　カラー化テクニックの使い方は、たとえばドミナントカラー配色を意識して背景色や他のページで使用されている図などの同系色でまとめる、コントラストをはっきりさせるために補色（反対色）を使うなど、「なぜこの色を使うのか？」ということを考えながら設定しましょう。特に意味もなく、多色使いするのは避けます。

総合 3

ファイル「S02_03提案書」の4枚目[コンセプト]の箇条書きを、SmartArtグラフィックを使ってチャート化しましょう。

【編集前】

【編集後】

1 ファイル「S02_03提案書」を開き、4枚目の[コンセプト]を表示しましょう。
2 箇条書きをSmartArtグラフィックの[リスト]の[縦方向円形画像リスト]でチャート化しましょう。
3 チャートの大きさや位置を調整しましょう。
4 編集後の図を参考に、内容に合ったアイコンを挿入しましょう。円の上に配置して大きさを調整し、塗りつぶしの色を[ブルーグレー、アクセント1]にしましょう。
5 「P-S02-03」という名前で、[保存用]フォルダーに保存しましょう。

ヒント：箇条書きは簡単にSmartArtグラフィックに変換できます。箇条書きのプレースホルダー内をクリックして、[ホーム]タブの[SmartArtに変換]ボタンをクリックし、メニューから任意の形を選択します。イメージにある形が表示されない場合は、[その他のSmartArtグラフィック]をクリックして、[SmartArtグラフィックの選択]ダイアログボックスから選択します。

総合4

ファイル「ビジュアル化練習」を使って、チャートの色変更やスタイル設定をしましょう。

【完成例】

次のスライドはあくまで例です。任意の色やスタイルを選んで自由に編集しましょう。

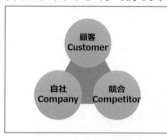  

1. ファイル「ビジュアル化練習」を開き、1枚目を表示しましょう。
2. ドミナントカラー配色を意識して、任意の色で統一感のある色使いにしましょう。
　何色でドミナントカラーを実現するかは、自由に考えてください。
3. 立体感をつけてビジュアル化するなど、自由にスタイルを設定してみましょう。
4. ファイル「ビジュアル化練習」の2枚目を表示しましょう。
5. ステップが移り変わっていくさまを表現する工夫を考えて、カラー化しましょう。
　何色に設定するかは、自由に考えてください。
6. 立体感をつけてビジュアル化するなど、自由にスタイルを設定してみましょう。
7. ファイル「ビジュアル化練習」の3枚目を表示しましょう。
8. 立体感をつけてビジュアル化するなど、自由にスタイルを設定してみましょう。
9. 「P-S02-04」という名前で、[保存用]フォルダーに保存しましょう。

ヒント：ドミナントカラー配色をするには、テーマの色で同じ列にある色から選ぶと簡単です。
　　　　　ステップが移り変わっていくさまを表現するには、段階的に色を変える方法があります。

総合5

ファイル「オプション紹介資料」を使って、写真の貼り付けと編集を行いましょう。

【完成例】

次のスライドはあくまで例です。任意の写真を選んで自由に編集しましょう。

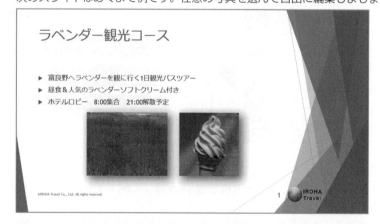

1. ファイル「オプション紹介資料」を開き、2枚目を表示しましょう。
2. ラベンダー観光コースを説明する写真として、ファイル「ラベンダー畑」、「ラベンダーソフトクリーム」を貼り付けましょう。
3. 挿入した写真を縮小して、バランスよく収まるように移動しましょう。
4. 写真の不要な部分をトリミングしましょう。
5. 写真に任意のスタイルを設定しましょう（影や3-Dで立体感をつけたりぼかしたりします）。
6. 「P-S02-05」という名前で、[保存用]フォルダーに保存しましょう。

総合問題3

ファイル「S03_01提案書」のスライドの図形にアニメーションを設定しましょう。

【完成例】

 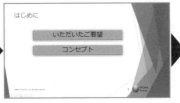 

❶ファイル「S03_01提案書」を開き、2枚目を表示しましょう。
❷完成例の図を参考に、3つの角丸四角形がクリックするたびに上から順番に表示されるアニメーションを設定しましょう。アニメーションの種類は[スライドイン]の[左から]、継続時間は[0.5秒(さらに速く)]にしましょう。
❸スライドショーを実行して動作を確認しましょう。
❹「P-S03-01」という名前で、[保存用]フォルダーに保存しましょう。

ファイル「S03_02提案書」のスライドのSmartArtグラフィックにアニメーションを設定しましょう。

【完成例】

❶ファイル「S03_02提案書」を開き、4枚目を表示しましょう。
❷完成例の図を参考に、3つの円とホームベースの組み合わせがクリックするたびに上から順番に表示されるアニメーションを設定しましょう。アニメーションの種類は[フェード]、継続時間は[0.5秒(さらに速く)]にしましょう。
❸アイコンも、円とホームベースの組み合わせと同時に、同じアニメーションで順番に表示されるようにしましょう。
❹スライドショーを実行して動作を確認しましょう。
❺「P-S03-02」という名前で、[保存用]フォルダーに保存しましょう。

ヒント：SmartArtグラフィックにアニメーションを設定すると、初期設定ではすべての図形が同時に動作します。クリックするたびに1つずつ表示するには、設定したアニメーションの▼をクリックして、[効果のオプション]をクリックします。効果のオプションのダイアログボックスが表示されるので、[SmartArtアニメーション]タブの[グループグラフィック]ボックスの▼をクリックして、[個別]をクリックします。

総合3

ファイル「S03_03提案書」の8枚目に箇条書きを入力し、アニメーションを設定しましょう。

【完成例】

■1 ファイル「S03_03提案書」を開き、8枚目を表示しましょう。
■2 コンテンツプレースホルダーに次のとおり入力しましょう。

　　ご提案した旅行プランについて**Shift** + **Enter**キー
　　ご不明な点、ご要望などございましたら**Shift** + **Enter**キー
　　お聞かせください。**Enter**キー
　　ほかにも、国内・海外を問わず**Shift** + **Enter**キー
　　社員旅行実績が多数ございます。**Shift** + **Enter**キー
　　お気軽にお問い合わせください。

■3 手順■2で入力した箇条書きが、クリックするたびに段落ごとに表示されるアニメーションを設定しましょう。アニメーションの種類は[ディゾルブイン]、継続時間は[0.5秒（さらに速く）]にしましょう。
■4 スライドショーを実行して動作を確認しましょう。
■5 「P-S03-03」という名前で、[保存用]フォルダーに保存しましょう。

ヒント：箇条書きを入力するとき、**Shift** + **Enter**キーを押すと改行、**Enter**キーを押すと段落改行になります。

総合4

ファイル「S03_04提案書」に「提案プレゼン短縮版」という目的別スライドショーを設定しましょう。

■1 ファイル「S03_04提案書」を開きましょう。
■2 1枚目（表紙）、4枚目（コンセプト）、5枚目（ご提案する旅行プラン）、7枚目（ご要望に合わせてプランいたします）の順に表示される目的別スライドショーを設定し、「提案プレゼン短縮版」という名前で保存しましょう。
■3 目的別スライドショーを実行して動作を確認しましょう。
■4 「P-S03-04」という名前で、[保存用]フォルダーに保存しましょう。

総合5

ファイル「S03_05提案書」をさまざまな形式で印刷しましょう。

■1 ファイル「S03_05提案書」を開きましょう。
■2 ノート形式で印刷しましょう。
■3 A4縦の用紙1枚に3枚のスライドとメモをとる罫線が表示される配布資料を印刷しましょう。
■4 A4縦の用紙1枚に6枚のスライドが表示される配布資料を印刷しましょう。
■5 ファイル「S03_05提案書」を閉じましょう。

ヒント：印刷する環境がない場合は、[ファイル]タブの[印刷]で設定する方法だけ確認しましょう。

ファイル「S03_06提案書」でリハーサルを行い、そのタイミングを保存しましょう。

1 ファイル「S03_06提案書」を開きましょう。
2 リハーサルを実行し、任意のタイミングでクリックしながら最後まで表示しましょう。
3 リハーサルのタイミングを保存しましょう。
4 スライドショーを実行して、自動的に切り替わるのを確認しましょう。
5 [タイミングを使用]チェックボックスをオフにして、スライドショーを実行し、自動的に切り替わらなくなったのを確認しましょう。
6 「P-S03-06」という名前で、[保存用]フォルダーに保存しましょう。

ファイル「S03_07提案書」でプレゼンテーションしやすいようにハイパーリンクを設定しましょう。

【完成例】

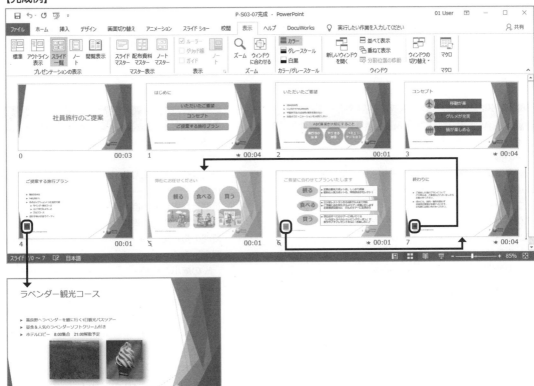

1 ファイル「S03_07提案書」を開き、8枚目[終わりに]を表示しましょう。
2 動作設定ボタン[戻る/前へ]をスライドの左下に描きましょう。
3 同じPowerPointプレゼンテーション内の6枚目[弊社にお任せください]にリンクしましょう。
4 7枚目[ご要望に合わせてプランいたします]のスライドの左下に、動作設定ボタン[進む/次へ]を描きましょう。
5 8枚目[終わりに]にリンクしましょう。
6 6枚目[弊社にお任せください]と7枚目[ご要望に合わせてプランいたします]を非表示スライドにしましょう。
7 7枚目[ご要望に合わせてプランいたします]に[変形]の画面切り替えを設定しましょう。
8 5枚目[ご提案する旅行プラン]を表示しましょう。
9 動作設定ボタン[情報]をスライドの左下に描きましょう。
10 別のPowerPointプレゼンテーション「オプション紹介資料完成版」の2枚目[ラベンダー観光コース]にリンクしましょう。
11 スライドショーを実行して、ハイパーリンクの動作を確認しましょう。
12 「P-S03-07」という名前で、[保存用]フォルダーに保存しましょう。

索引

英字

- PowerPointの起動 … 5
- PowerPointプレゼンテーションの一覧表示 … 33
- SmartArtグラフィック … 58, 68
  - 〜の色の変更 … 83
  - 〜の大きさの変更 … 71
  - 〜のカラーやデザイン … 82
  - 〜の種類 … 68
  - 〜の図形削除 … 70
  - 〜のスタイルの変更 … 83
  - 〜の挿入 … 69
  - 〜の文字の編集 … 70
  - 〜のレイアウトの変更 … 71
  - 〜への文字入力 … 70

あ行

- アイコン … 107
  - 〜の挿入 … 108
  - 〜の編集 … 110
- アイコンタクト … 150
- アウトラインの表示 … 15, 21
- アクセントカラー … 77
- アニメーション
  - 〜の効果 … 121, 122
  - 〜の種類 … 120
  - 〜の使用ポイント … 121
  - 〜の設定の変更 … 125
- イラスト
  - 〜の移動とコピー … 112
  - 〜の色の変更 … 113
  - 〜の拡大と縮小 … 112
  - 〜の効果 … 104
  - 〜の使用ポイント … 105
  - 〜の挿入 … 111
  - 〜のトリミング … 113
- インターネットを活用した情報収集 … 30
- 上書き保存 … 7
- 円グラフ … 90
- 折れ線グラフ … 90

か行

- 箇条書きの途中への行の追加 … 12
- 箇条書きの入力 … 11
- 箇条書きのレベル変更 … 12
- 画面切り替えの設定 … 128
  - 変形を使った高度な〜 … 129
- 画面表示モードの切り替え … 14
- 画面表示モードの種類 … 13
- 聞き手のニーズ … 4
- キーパーソン … 137
- キーワードの構造 … 57
- グラフ
  - PowerPointで用意されている〜の種類 … 97
  - 〜の挿入 … 97
  - 〜のデザインの変更 … 98
  - 〜のフォントサイズの変更 … 100
  - 〜のレイアウトの変更 … 99
  - ビジュアルでわかりやすい〜 … 91
  - 〜への図形の追加 … 100
- グラフツール … 101
- グループ化 … 36
- 形式を選択して貼り付け … 37
- 結論 … 20
- コメント機能 … 15

さ行

- 最初からスライドショーを実行 … 152
- サマリーズーム … 132
- ジェスチャーの取り入れ … 150
- 色相 … 75
- 質問者が満足する回答 … 163
- 質問内容の正しい理解 … 162
- 質問のルール … 161
- 写真
  - 〜の縮小と移動 … 115
  - 〜の効果 … 106
  - 〜の使用ポイント … 106
  - 〜のスタイル変更 … 117
  - 〜のトリミング … 116
- 写真ファイルの挿入 … 114
- 準備チェックリスト … 136
- 情報伝達のプレゼンテーション … 2
- 序論 … 19
- 図形 … 58
  - 〜の移動、コピー … 63
  - 〜の回転、反転 … 64
  - 〜の拡張 … 63
  - 〜のカラーやデザイン … 78
  - 〜のクイックスタイル … 81
  - 〜の結合 … 67
  - 〜の効果 … 80
  - 〜の上下関係の変更（重なりの順序） … 65
  - 〜の挿入 … 62
  - 〜の塗りつぶしの色 … 79
  - 〜の微調整 … 63
  - 〜の標準スタイル … 81
  - 〜の文字入力、編集 … 64
  - 〜の枠線 … 80
  - 〜への開始効果の設定 … 125
  - 〜への強調効果の設定 … 127

ストーリー構成 ………………………………… 19
スライド
　新しい〜の挿入 ……………………………… 9, 10
　同じプレゼンテーション内の〜へのリンク … 167, 168
　現在の〜からスライドショーを実行 ………… 153
　すべての〜を表示して移動 …………………… 157
　次の〜への移動 ………………………………… 156
　〜の移動 ………………………………………… 24
　〜の削除 ………………………………………… 24
　〜の追加 ………………………………………… 22
　〜の途中追加 …………………………………… 23
　〜のレベル変更 ………………………………… 25
　他のPowerPointプレゼンテーションからの〜のコピー
　……………………………………………………… 34
　別のプレゼンテーション内の〜へのリンク … 169
　前の〜への移動 ………………………………… 156
スライド一覧表示モード ………………………… 33
スライドショーの自動実行 ……………………… 144
スライド全体のデザイン ………………………… 41
スライドタイトルの入力 ………………………… 11
スライド番号の追加 ……………………………… 12
スライド番号を指定した移動 …………………… 157
スライドマスター ……………………………… 42, 48
　〜のフォントサイズ変更 ……………………… 49
　〜への文字入力 ………………………………… 50
　〜のレイアウト修正 …………………………… 51
　〜へのロゴ挿入 ………………………………… 50
スライドレイアウトの変更 ……………………… 10
説得のプレゼンテーション ……………………… 2
セル内の文字の配置変更 ………………………… 94

た行

タイミングの編集 ………………………………… 144
楽しませるプレゼンテーション ………………… 2
チャート化するステップ ………………………… 56
チャートの標準的なパターン …………………… 59
著作権 ……………………………………………… 30
ツリー図 …………………………………………… 19
テーマ …………………………………………… 41, 45
　〜の適用 ………………………………………… 46
　〜の保存 ………………………………………… 52
　ユーザー定義の〜 ……………………………… 52
動作設定ボタン ………………………………… 167, 169
トーク内容の作成 ………………………………… 139
ドミナントカラー ………………………………… 76
ドミナントトーン ………………………………… 76
トーン ……………………………………………… 76

な行

名前を付けて保存 ………………………………… 6

ノートの印刷 ……………………………………… 142
ノートの入力 ……………………………………… 141

は行

配色 ………………………………………………… 45
　〜の変更 ………………………………………… 46
ハイパーリンク …………………………………… 167
配布資料の印刷 …………………………………… 145
発表者ツールを使ったスライドショー ………… 155
話し方のポイント ………………………………… 149
パフォーマンスのポイント ……………………… 149
非表示スライドの設定 …………………………… 171
表
　〜の移動や大きさの変更 ……………………… 93
　〜の基本ルール ………………………………… 87
　〜のセルの塗りつぶしの色の変更 …………… 96
　〜の挿入 ………………………………………… 93
　〜のデザインの変更 …………………………… 95
　〜のフォントサイズの変更 …………………… 95
　ビジュアルでわかりやすい〜 ………………… 88
　〜への文字入力と行の自動挿入 ……………… 94
表紙の作成 ………………………………………… 8
ファイルを開く …………………………………… 7
フォントの種類 …………………………………… 43
フォントの変更 …………………………………… 47
複数のPowerPointプレゼンテーションを並べて表示
……………………………………………………… 33
ブラックアウトの実行 …………………………… 158
プレースホルダー ………………………………… 8
プレゼンテーション ……………………………… 1
　〜の目的 ………………………………………… 2
　〜に必要な情報の洗い出し …………………… 28
プレゼンテーション企画シート ………………… 3
棒グラフ …………………………………………… 89
本論 ………………………………………………… 19

ま行

メッセージの整理 ………………………………… 18
目的別スライドショーの作成 …………………… 153
目的別スライドショーの実行 …………………… 154
文字列への開始効果の設定 ……………………… 124

ら行

リハーサル ………………………………………… 140
　〜の実行 ………………………………………… 143

●著者紹介　山﨑 紅（やまざき あかし）

人材開発コンサルタント。富士ゼロックス株式会社（現 富士フイルムビジネスイノベーション株式会社）にて、ドキュメントコンサルティングに従事後、営業本部ソリューション営業力強化チーム長として課題解決型営業育成、人事本部人材開発戦略グループ長として全社人材開発戦略立案・実行を担当。その後、変革マネジメント部にて全社改革プロジェクトリーダーとして、コミュニケーション改革、働き方改革に従事したのち独立。コミュニケーションと人材を切り口に企業改革を進めるコンサルタントとして活動中。官公庁、民間企業、大学など幅広く指導。主な著書に「授業・セミナー・会議の効果を上げる オンラインコミュニケーション講座」「求められる人材になるための社会人基礎力講座 第2版」「企業が生まれ変わるための働き方改革実践ガイド」「小学生からはじめる　考える力が身につく本－ロジカルシンキング－」がある。

成蹊大学　経営学部　客員教授
一般社団法人 社会人基礎力協議会　理事　研究委員会副委員長
一般社団法人 日本テレワーク協会　アドバイザー
東京都　テレワーク導入・運用課題解決サポート事業　コンサルタント
経済産業省推進資格　ITコーディネータ
一般社団法人 日本経営協会認定　情報資産管理指導者
日本ホスピタリティ推進協会認定　ホスピタリティ・コーディネータ

■本書は著作権法上の保護を受けています。
本書の一部あるいは全部について、日経BPから文書による許諾を得ずに、いかなる方法においても無断で複写、複製することを禁じます。購入者以外の第三者による電子データ化および電子書籍化は、私的使用を含め一切認められておりません。無断複製、転載は損害賠償、著作権法の罰則の対象になることがあります。

■本書についての最新情報、訂正、重要なお知らせについては下記Webページを開き、書名もしくはISBNで検索してください。ISBNで検索する際は-（ハイフン）を抜いて入力してください。
　　　https://bookplus.nikkei.com/catalog/

■本書に掲載した内容についてのお問い合わせは、下記Webページのお問い合わせフォームからお送りください。電話およびファクシミリによるご質問には一切応じておりません。なお、本書の範囲を超えるご質問にはお答えできませんので、あらかじめご了承ください。ご質問の内容によっては、回答に日数を要する場合があります。
　　　https://nkbp.jp/booksQA

情報利活用
プレゼンテーション PowerPoint 2019 対応

2019年4月22日　初版第1刷発行
2023年1月10日　初版第5刷発行

著　　　者　山﨑 紅
発 行 者　村上 広樹
発　　　行　日経BP社
　　　　　　〒105-8308　東京都港区虎ノ門4-3-12
発　　　売　日経BPマーケティング
　　　　　　〒105-8308　東京都港区虎ノ門4-3-12
装　　丁
本文デザイン　株式会社 ZUGA
制　　作　持田 美保
印　　刷　大日本印刷株式会社

・本書に記載している会社名および製品名は、各社の商標または登録商標です。なお、本文中に ™、® マークは明記しておりません。
・本書の例題または画面で使用している会社名、氏名、他のデータは、一部を除いてすべて架空のものです。

©2019 Akashi Yamazaki

ISBN978-4-8222-8610-1　　Printed in Japan